政治文化研究译丛 ｜ 丛日云 卢春龙／主编｜

MICHAEL BRINT
【美】迈克尔·布林特／著

政治文化的谱系

A Genealogy of Political Culture

卢春龙 袁 倩／译
丛日云／校

社会科学文献出版社
SOCIAL SCIENCES ACADEMIC PRESS (CHINA)

本书根据 WESTVIEW PRESS 1991 年版译出

总　序

丛日云　卢春龙

政治文化研究在政治学学科体系中占有重要地位，它是政治学中最有实践意义的重要分支学科之一，也是成果最丰富的研究领域之一。

当代政治文化研究的奠基人阿尔蒙德把政治文化理解为政治系统的心理取向，包括所有与政治相关的信念、价值和态度等。一个民族或一个社会的政治文化，就是"针对政治对象的取向模式在该民族成员中间的一种特殊分布"，是"内化于民众的认知、情感和评价中的政治系统"。当代政治文化研究领域最有影响的学者英格尔哈特把政治文化定义为"与一个群体或社会流行的政治信念（beliefs）、规范（norms）和价值相关的所有政治活动"。

政治文化是重要的政治现象，也是在寻找政治因果关系时必须考虑的重要解释变量。因而，在西方思想史和学术史上，对政治文化的研究源远流长。英格尔哈特在追溯现代政治文化研究的历史渊源时，曾列举一系列里程碑式的代表作品和成果，包括亚里士多德的《政治学》、孟德斯鸠的《论法的精神》、托克维尔的《论美国民主》、阿道尔诺的《威权人格》(*Authoritarian Personality*)、拉斯韦尔的《民主性格》(*Democratic Character*)、斯托弗的《共产主义、一致性与公民自由》(*Communism, Conformity & Civil Liberties: A Cross-Section of the Nation Speaks Its Mind*)、罗基奇的《开放和封闭的精神——对信仰和人格系统性质的调查》(*The Open and Closed Mind: Investigations into the Nature of Belief Systems and Personality Systems*) 等。此外，一些学者还将马克斯·韦伯的《新教伦理与资本主义精神》列入其中。与当代科学化的以数据分析为基础的政治文化研究相比，这种研究在方法论上被视为"非科学的"，但也有其重要价值。在中国，自 19 世纪末起，学者们在讨论中西文化关系、反思中国传统文化和"国民性"时，也大量涉及政治文化的内容。

布林特教授曾区分和全面梳理了西方政治文化研究的三大谱系，即法国的社会学谱系、德国的文化哲学谱系以及美国的政治科学谱系。法国的社会学谱系开始于孟德斯鸠，经过卢梭、斯戴尔、贡斯当、基佐以及托克维尔的发展而成为一个重要流派。这一流派强调从社会宏观背景的差异去理解各国政治文化的差异，进而理解各国政治制度的差异。德国的文化哲学谱系开始于康德，经过赫尔德、洪堡、黑格尔、马克思和韦伯等人的发展而成为一个重要流派。这一流派强调解释学的传统，强调政治文化并不是对客观社会现实的抽象反映，而是一个国家历史、文化象征、图腾长期积累的产物，强调从解释学的角度去理解一个国家政治文化的历史由来。美国的政治科学谱系开始于阿尔蒙德与维巴的开创性研究，这一谱系主张通过实证的、科学的方式来研究政治文化，从而克服传统政治文化研究的弊端，他们在方法论上主张以对各国的政治心理和政治观念调查为基础，进而对各国的政治文化进行精确的科学测量。

当代政治文化研究以美国的政治科学谱系为主流。1956年阿尔蒙德正式提出"政治文化"概念，1963年他又与维巴合作出版了《公民文化——五个国家的政治态度和民主制》，此为当代科学的政治文化研究，亦即跨民族的抽样数据研究的开端。早期的政治文化研究取得了丰硕的成果，包括英格尔斯的《人的现代化》，派伊的《中国政治的精神》（*The Spirit of Chinese Politics*），斯里德曼的《人格与民主政治》（*Personality and Democratic Politics*），英格尔哈特的《寂静的革命：变化中的西方公众的价值与政治行为方式》（*The Silent Revolution：Changing Values and Political Styles among Western Publics*），本菲尔德的《落后社会的道德基础》（*The Moral Basis of a Backward Society*）等。

进入 20 世纪 70 年代，政治文化研究受到来自马克思主义等左翼思潮和理性选择理论的批评和挑战，许多学者批评它保守、静止、简单，存在文化偏见和文化决定主义倾向，低估社会结构和权力结构的作用，不具有解释力和预见性等。政治文化研究一度走向衰落，退居政治学的边缘。但是，从80年代起，政治文化研究经历了从"回归"到"复兴"进而走向繁荣的过程。英格尔哈特在1988年最早使用了"政治文化的复兴"这一概念，而后，H. J. 威尔达、阿尔蒙德和布林特等人也肯定了政治文化复兴的到来。复兴后的政治文化研究出现了前所未有的繁荣，一大批有影响、有重大原创性贡献的成果问世：英格尔哈特的《发达工业社会的文化转型》（*Culture Shift in Advanced Industrial Society*）、《现代化与后现代化：43 个国家的文化、经济与政治变迁》（*Modernization and Postmodernization：Cultural，Economic，and Political Change in 43 Societies*）、《现代化、文化变迁和民主：人类发展时序》（*Modernization，Cultural Change and Democracy：The Human Development Sequence*）（与维尔泽合著），英格尔斯的《国民性》（*National Character：A Psycho - Social Perspective*），尤斯拉纳的《信任的道德基础》（*The Moral Foundations of Trust*），普特南的《流动中的民主政体——当代社会中社会资本的演变》（*Democracies in Flux：The Evolution of Social Capital in Contemporary Society*）、《独自打保龄：美国社区的衰落与复兴》、《使民主运转起来——现代意大利的公民传统》，布林特的《政治文化的谱系》（*A Genealogy of Political Culture*），狄百瑞的《亚洲价值与人权：儒家社群主义的视角》（*Asian Values and Human Rights：A*

Confucian Communitarian Perspective），达尔蒙德的《发展中国家的政治文化与民主》（*Political Culture and Democracy in Developing Countries*）等。

政治文化研究关注政治系统的内在心理层面，强调政治文化是决定政治主体的行为准则和支配其政治活动的重要因素，因此，政治文化对于了解一个国家正式制度框架下的政治行为，理解历史上一个国家特殊的发展模式，都具有独特的不可替代的价值。政治文化研究还特别与政治发展和民主化研究有密切关系，它与经济发展、公民社会、国际环境、政治战略、政治精英等一起，构成解释一个国家政治发展和民主化进程与模式的重要的自主性变量。

政治文化研究在今天的中国更有一层特殊的意义。中国文明作为世界上独特的文明，也是规模最大的文化单元，经过长期的历史积淀，形成了独特的民族性格和政治文化。在当代社会政治转型时期，中国独特的政治文化在现代化潮流冲击下发生了何种变化？变化的方向是什么？它对于政治发展、政治民主化和现代公民文化建设会产生何种影响？这些都需要当代学者作出科学的调查和分析。只有对中国社会的文化心理、政治态度、价值观念的分布状况和变化趋势了然于胸，才能明确中国政治发展的目标和道路选择，才能积极有效地推动传统臣民文化向现代公民文化转型。但是，目前中国的政治文化研究仍然以学者的观察、粗糙的文献分析为主要手段，以对传统政治文化的阐释性研究为主要内容，这种研究虽然富于学理性和启发性，但是，没有科学的量化数据为基础，也缺少实际操作性，尚不足以为当前政治改革提供切实有效的支持。

为了推动我国的政治文化研究，需要借鉴西方的研究方法、理论和经验，也需要直接引进西方的一些研究成果。遗憾的是，虽然国内学界许多人都在谈论政治文化，但是，到目前为止，国内对西方政治文化的研究成果只有零星的译介，大量政治文化研究的经典之作对于国内学者来说还是陌生的。这是国内政治文化研究长期裹足不前的重要原因。

有鉴于此，我们编译了这套《政治文化研究译丛》，希望为国内学者的政治文化研究提供一些可资借鉴的学术资源。我们期待着，这套丛书的出版，能让更多的人了解和关注政治文化研究，推动中国的政治文化研究走向繁荣，贡献出一批与中国政治文化的重要地位和独特性相称的研究成果。

政治文化研究的多元历史传统：
一个方法论的分析

（代译序）

卢春龙

　　20 世纪六七十年代，在行为主义的影响下，众多政治学者倾向于把政治文化看作是残余变量（residual variable），也就是凡是其他理论所不能解释的，就用政治文化来解释，这样做的结果就使得政治文化研究失去了其独立的地位。另外，同一时期理性选择理论兴起并日益在政治学科中占据主导性地位，更加使得政治文化理论被边缘化，于是在这一段时间里，政治文化的研究逐渐沉寂下去。但是到了 20 世纪80 年代中后期，在加布里埃尔·阿尔蒙德（Gabriel Almond）、罗纳德·英格尔哈特（Ronald Inglehart）、罗伯特·普特南（Robert Putnam）、阿伦·威尔达夫斯基（Aaron Wildavsky）、亨利·埃克斯坦（Harry Eckstein）等知名学者的推动下，政治文化研究强势"复兴"，并涌现出了一大批影响深远的经典之作。

迈克尔·布林特（Michael Brint）于1991年出版的《政治文化的谱系》，正是政治文化研究"复兴"运动中的代表作之一。该书开宗明义地指出，考察政治文化的"谱系"意在强调：政治文化研究并非遵循单一的发展路径，而正是以多元化的基因与历史为自身特点。基于这一立场，布林特在书中集中讨论了三种政治文化研究的历史传统，分别是从孟德斯鸠到托克维尔的法国社会学传统、从康德到韦伯的德国文化哲学传统，以及肇始于阿尔蒙德和维巴的美国政治科学（行为主义）传统。在比较了政治文化研究的三种不同传统之后，布林特提出知识多元主义的重要性，呼吁政治文化研究的"复兴"，不应该仅仅强调美国行为主义的政治文化研究方法，而应该吸纳更多的社会学和解释主义的方法。最后，布林特表达了他的希望：一种包容性而非排斥性的政治文化之复兴。

此书出版的时候，布林特是美国弗吉尼亚大学政府和外交事务专业的助理教授，之后在位于美国俄亥俄州的凯尼恩学院（Kenyon College）担任副教授，在英国剑桥大学担任托马斯·杰斐逊讲座教授，现在是美国加州路德大学曾永义讲座教授（Uyeno Tseng Professor）。布林特教授作为政治文化复兴运动中的重要人物，先后出版了多部关于政治文化的重要著作，除本书外，还包括《悲剧与拒绝：西方政治思想中的差异政治》（*Tragedy and Denial: The Politics of Difference in Western Political Thought*）、《全球化时代的文化、政治与民族主义》（*Culture*, *Politics*, *and Nationalism in the Age of Globalization*）。

一 双峰对峙：政治文化研究的两种哲学范式

尽管政治文化的强势复兴已经使其在政治学科的研究中重新取得重要地位，但是关于政治文化研究本身的争议却一直没有间断。从政治文化的定义到研究方法，学者们一直争论不休，而采取何种研究方法反过来也会影响到对于政治文化的定义。除此之外，对于政治文化所扮演的角色及其所发挥的作用也存在着种种争论。政治文化到底只是一个情境变量（context variable）还是作为一个独立的自变量（independent variable）决定了行为者的政治行为选择。政治文化究竟是一个内生变量（endogenous variable），还是一个外生变量（exogenous variable）？围绕以上这些问题而展开的分歧与争论，使得政治文化研究从来就没有能够形成一个统一的研究范式（unified paradigm），而是一个在哲学基础（philosophical foundation）、价值观（value）以及认识论（epistemology）方面存在诸多分歧的学科。[1]

---

[1] David J. Elkins and Richard E. B. Simeon, "A Cause in Search of Its Effect, or What Does Political Culture Explain?" in *Comparative Politics*, 11 (1979), pp. 127 – 145; Robert W. Jackman and Ross A. Miller, "A Renaissance of Political Culture?" in *American Journal of Political Science*, 40 (1996), pp. 632 – 659; Edward N. Muller and Mitchell A. Seligson, "Civic Culture and Democracy: the Question of Causal Relationships," in *American Political Science Review*, 88 (1994), pp. 635 – 652.

对于这些问题的不同看法与观点，就形成了两种截然不同的哲学范式。这里所谓的哲学范式是关于政治文化研究方法的理论，它主要探讨政治文化研究的基本假设、逻辑、程序、方法等问题，它是指导政治文化研究的一般思想方法或哲学观点。政治文化复兴后的政治文化研究，主要存在两种哲学范式，即实证主义范式（positivism）与解释主义范式（interpretivism，亦称为 hermeneutics）。①

（一）实证主义范式

实证主义范式认为，政治文化尽管是通过人们的主观意向和历史实践形成的，但它们是客观存在的，是外在于个人的社会现象。换言之，政治文化作为一个研究客体，是一个外在于研究主体的事实，是可以与研究主体分离并被研究主体进行客观、系统地观察、测量和研究的。按着这种研究范式，政治文化研究应该是一项客观的、价值中立的研究，关于政治文化的研究应该是客观的、超越个人主观价值判断的，研究者在对政治文化进行研究时应该做到情感上的超然（emotional disattachment）。在认识论上，实证主义范式认为，政治文化的研究是通过客观、系统的科学方法去描述和解释政治文化的诸多现象，在此基础上就可以为政治文化的

①　Andrew J. Nathan, "Is Chinese Culture Distinctive?" in *China's Transition*, Chapter 10, Columbia University Press, 1998.

演变提供相应的指导。① 例如，阿尔蒙德与西德尼·维巴（Sidney Verba）的研究目的之一就在于了解墨西哥的政治文化现状，从而为墨西哥培育发展适应现代民主政治需求的公民文化提供一些可行的政策建议。

阿尔蒙德与西德尼·维巴1963年出版了《公民文化》一书，在该书中，他们认为，政治文化是一个民族在特定时期流行的一套政治态度、政治信仰和感情，它由本民族的历史和当代社会、经济和政治活动进程所促成。政治文化的内容主要包括三个基本成分：政治认知、政治情感和政治评价。其中，"认知取向是对政治系统的职责、这些职责的在任者、输入、输出的认知和信念；感情取向是关于政治系统的职责、人员和功能的情感；评价取向是对政治对象的判断和观点，通常包含价值标准和信息、情感的结合"。②

在此基础之上，阿尔蒙德与维巴把政治文化划分为三种经典类型：村民型、臣民型和参与型。村民型政治文化的标志是，人们对自己属地的认同感强于国家的认同感，缺乏公民权意识，在认知上既没有意愿也没有能力参与政治；臣民型政治文化的特征则表现为，人们认为自己对政府产生影响的能力很有限，易于服从并对政治参与比较消极；参与型政

---

① Gabriel Almond and Sidney Verba, *The Civic Culture：Political Attitudes and Democracy in Five Nations*. Princeton：Princeton University Press, 1963；Ronald Inglehart, *Culture Shift in Advanced Industrial Society*. Princeton：Princeton University Press, 1990.

② Gabriel Almond and Sidney Verba, *The Civic Culture：Political Attitudes and Democracy in Five Nations*. Princeton：Princeton University Press, 1963, p. 14.

治文化是指公民对政治有密切的关注并有广泛的参与意愿和认知。最后，阿尔蒙德与维巴把公民文化定义为一种混合型的文化，以参与型政治文化为主，同时混合了村民型政治文化与臣民型政治文化，这一公民文化是现代民主政治良性运转的基石。

阿尔蒙德与维巴对政治文化的定义强调的是一个社会中个体政治态度的整体分布状况，通过把个体的政治态度汇总成为一个社会的整体分布状况，他们把英国、美国两国社会的总体文化特征描绘为最具有公民文化特征的社会，而把意大利的总体文化特征描绘为冷漠与疏离的社会。这一定义经常被批评为以个人特征之集合考察文化整体，犯有方法论上的个体主义错误（individualist fallacy）与化约主义错误（reductionism）。[①] 尽管受到了众多的批评，但是阿尔蒙德与维巴的这一行为主义定义获得了政治文化研究者们的普遍认可，这是因为这一定义特别适合进行调查研究，也特别适合进行跨国比较。

（二）解释主义范式

解释主义范式把文化看作是一组在历史过程中形成的、社会共享的符号、概念以及组织这些符号与概念的方式。解

---

① Arend Lijphart, "The Structure of Inference," and Carole Pateman, "The Civic Culture: A Philosophic Critique," in Gabriel Almond and Sidney Verba (eds.), *The Civic Culture Revisited*, Boston: Little, Brown and Company, 1980.

释主义范式的主要关注点在于诠释/解释，当然坚持这一研究传统的学者所使用的方法可能有所差异，但是他们有一点是相同的：在文本之中，或在文本的同源物（如信仰的体系、能够表露信仰的行为体系）之中挖掘意义，特别关注文本的情境以及文本的内在结构。总而言之，一如克利福德·格尔茨（Clifford Geertz）所论述的，坚持这一解释主义范式的学者们试图通过探究文化所内涵的"意义体系"（pattern of meanings）来研究文化。①

在本体论上，解释主义范式认为文化不同于自然界，文化是人们在历史发展过程中主动"建构"出来的，也就是说，文化并不是一种"自在之物"，恰恰相反，文化在很大程度上是一种"人为的事物"。在这一本体论的思想指导之下，解释主义范式反对实证主义范式的主客体二分法，他们认为，政治文化并非如实证主义研究范式所预设的那样，表现为一个个孤立的和分离的现象，能够被同样超然的研究者们所分析。比如，格尔茨就明确地指出："［我］赞同韦伯的观点，认为人是悬在由他自己所编织的意义之网中的动物，我以为文化就是这些意义之网。因此，对文化的分析不是一种寻求规律的实验科学，而是一种探求意义的诠释科学"。② 所以，解释主义范式猛烈地抨击了实证主义范式把

---

① Clifford Geertz, *Interpretation of Cultures: Selected Essays*, New York: Basic Books, 1973.

② Clifford Geertz, *Interpretation of Cultures: Selected Essays*, New York: Basic Books, 1973, p. 5.

政治文化作为客体寻求其内在因果规律的科学主义做法。

在认识论上，解释主义范式坚持认为知识是不同文化、不同领域的人群在实践中总结出来的共同认识，它们适用于不同的领域或地域。政治文化研究所获得的知识不仅仅是关于普遍规律的认识，更重要的是对各种文化观念或行动的特殊性和差异性的认识。地方性知识显然是与标榜普遍主义的科学知识相对立的，强调以当地人的观念、按照地方历史的模式来理解意义之世界以及赋予意义之世界以生命的地方场景。按照格尔茨的说法："所谓地方性知识，不是指任何特定的、具有地方特征的知识，而是一种新型的知识观念。地方性不仅是在特定的地域意义上说的，它还涉及在知识的生成与辩护中所形成的特定的情境，包括由特定的历史条件所形成的文化与亚文化群体的价值观，由特定的利益关系所决定的立场、视域等。它要求我们对知识的考察与其关注普遍的准则，不如着眼于如何形成知识的具体的情境条件。"[1]

解释主义范式认为，政治文化研究不可避免地会受到研究者个人价值观念的影响，做到价值中立是完全不可能的。因为，在解释主义范式的追随者看来，政治文化研究的目的和功能是通过对可观察到的符号（symbol）的主观意义和历史意义的理解来真实地说明和阐释独特性的意义体系。[2]

---

[1] 盛晓明：《地方性知识的构造》，《哲学研究》2000 年第 12 期。

[2] Murray Edelman, *The Symbolic Uses of Politics* (5th ed.), University of Illinois Press, 1972.

这一解释主义的范式对于政治文化的定义强调了政治文化的整体特性，并且反对阿尔蒙德与维巴对于政治文化的理解，因为政治文化绝对不是个体层次上的政治态度之和。当然，在社会科学领域，方法论上的个体主义与整体主义之争一直长期存在，在这里我们自然引入第二个议题：政治文化研究的分析层次。

二　层次谬误与化约主义：政治文化研究的分析层次之争

所谓分析层次就是指一项社会研究用来观察、描述和解释的单位，它可以考察和归纳相同社会现象的特征，解释同一分析层次中社会现象之间的差别。从微观研究到宏观研究，研究者们所使用的分析层次是不同的。一般说来，所有的社会科学研究有五种分析层次：个人（如工人）、群体（如团伙）、组织（如公司）、社区（如村庄、国家）、社会产品和社会事件（如音乐、上访）。[①] 其中，个人是最低层次的分析单位，而国家是最高层次的分析单位。明辨分析层次的区分对于任何一项社会科学研究来说无疑具有非常重要的意义，因为如果研究者们在研究中不能保证分析层次的一致性，通常会造成两种类型的研究错误。

---

① 〔美〕艾尔·巴比：《社会研究方法》（第 10 版），邱泽奇译，华夏出版社，2005，第 92~97 页。

第一种是层次谬误，它意味着从层次比较高的分析层次中得到的结果似乎也可以在层次比较低的个体中得到证实，也就是说，研究者用一种比较高的分析层次作研究，而用另一种比较低的分析层次作结论。

第二种是化约主义错误，指的是研究者用个体层次的资料来解释宏观层次的现象。要避免化约主义的错误，最重要的是在选择层次较高的分析层次时，注意收集资料的层次与得出结论的层次保持一致。

政治文化到底属于何种分析层次？从欧洲大陆的历史传统来看，无论从孟德斯鸠到托克维尔的法国社会学传统，还是从康德到韦伯的德国文化哲学传统，都强调政治文化的整体特性，认为政治文化的分析层次应该是一个宏观的层次，从本质上讲，这两者都拒绝方法论上的个体主义。借用查尔斯·泰勒（Charles Taylor）的话就是，政治文化大于它各部分之和，对于政治文化的研究决不能依赖于对政治文化的各个组成部分进行一一考察。因此，要了解一种政治文化的特性，我们不能简单地观察个体表现出的行为、态度与倾向，而是必须研究那些政治体的文化语法或叙事，以及社会、文化和话语实践的内在统一。[①]

20 世纪初，随着心理学的重大发展，尤其是社会心理

---

① Charles Taylor, "Interpretation and the Sciences of Man," in *Philosophy and The Human Sciences*：*Philosophical Papers* （vol. 2），Cambridge：Cambridge University Press，1985.

学、文化心理学以及临床心理学的重大发展，心理学家们开始尝试着从个体层次收集数据来分析群体心理，通过分析个体层次上所展现出来的一些共同特征来推论群体特征。比如，关注国民性研究的学者们，就开始通过分析个体层次的人格特征来推论一个社会中常见的人格特征，他们把国民性定义为一个社会里的众数人格，也就是在个体层次上出现次数最多的那个人格特征。①

　　这样一种心理学研究上的转变必然影响了社会学、人类学以及政治学的研究方式，这是因为对人的社会行为加以观测，得到的是所有社会科学的通用数据，既然心理学家可以使用，那么政治学家也可以使用。在人的社会行为这个大范围之内，不同社会科学可以根据各自不同的概念体系和分析结构选择和组织自己的数据。政治学家如阿尔蒙德与维巴就在此基础上建立了一套完整的概念体系与测量体系，通过收集个体层次上的行为倾向来分析一个社会里的政治文化倾向。

　　显然，阿尔蒙德与维巴的研究方法存在着化约主义错误的风险，因为他们依赖于个体层次上的行为倾向去推论社会整体层次上的政治文化倾向。受法国社会学传统与德国文化哲学传统影响的解释主义范式对此进行了猛烈的抨击，认为阿尔蒙德与维巴的方法是完全错误的，是个体主义式的，而政治文化是一个整体性的联合体，无法分解，也无法化约为

---

① 〔美〕艾历克斯·英格尔斯：《国民性：心理—社会的视角》，王今一译，社会科学文献出版社，2012，第3页。

个体层次上的特征。

然而，吊诡的是，尽管解释主义范式强调政治文化是一个整体性的联合体，但是如何对这样一个整体性的文化进行研究呢？解释主义范式所提供的解决方案却存在两个先天的缺陷。

第一个缺陷是"诠释学循环"（the hermeneutic circle）的悖论：即只有通过整体才能理解部分；只有通过部分才能理解整体。这一循环的悖论就在于：要想理解整体性的文化就必须解读作为整体一部分的文本，而解读作为整体一部分的文本又得依赖于能够理解整体性的文化。

第二个缺陷就在于解释主义范式所使用的文本解读、参与式观察和深度访谈在本质上也是属于个体主义层次的方法。首先，就文本解读而言，以文本为对象的研究中也常常不可能直接研究全部对象，因此需要通过抽取有代表性的样本的方法，来达到研究全部对象的目的，换言之，文本解读也只能依赖一些有代表性的样本来进行研究，这样的研究无疑也存在着化约主义错误的风险。其次，参与式观察和深度访谈显而易见只能依赖于选取一些有代表性的样本来进行，这样的研究无论如何都应该属于个体主义的层次。

三　如何理解政治文化研究的范式之争：
历史传统的差异

从根本上讲，实证主义范式与解释主义范式之争是因为两大范式源于不同的历史传统。解释主义范式主要受法国社会学传统与德国文化哲学传统的影响，而实证主义范式则主要受美国科学主义传统的影响。

在布林特的《政治文化的谱系》一书中，法国社会学传统从孟德斯鸠传承到托克维尔，主要目的是为了探索在法国如何建立一个民主的、共和的体制，从而帮助法国走上政治现代化之路。这一情结在孟德斯鸠的著作中表现得最为明显，在孟德斯鸠进行研究的时代，法国社会正在发生历史性的变革，要求政治改革的呼声此起彼伏，革命的暗潮也正在涌动。对此，孟德斯鸠深感焦虑，他一方面反对忠于路易十四的保皇党和拥护教皇至上的教权主义者共同主张的权力集中，另一方面也对滑向专制主义的法国社会流露出了深深的担忧。为此，孟德斯鸠运用"扮演他者"的研究手法，建构了一个东方专制主义的文化他者。根据布林特的观点，孟德斯鸠的这一研究手法在《波斯人信札》一书中随处可见，通过描绘东方社会的专制实践，孟德斯鸠建构了一个作为西方政治文化对立面的东方专制主义的文化他者；类似的，在《论法的精神》中，孟德斯鸠通过描述东方专制主义，同样昭示了法国政权的蜕变及其对法国社会精神产生的影响。在此基础上，他警示法国社会采取行动进行变革，如果再不作出改变，厄运就不可避免。孟德斯鸠开创的比较文化这一方法，对于政治文化研究的发展有着深远的影响，尤其对于解释主义范式的发展有着重要的启示作用，后来坚持解释主义范式的政治文化研究者们所倡导的"移情"这一方法，可以说与孟德斯鸠的研究路径有着异曲同工之处。

托克维尔进行政治文化研究之时，大革命之后的法国也正处于飘摇不定之中，无力建立起一个稳定的民主社会。正如托克维尔自己所承认的，"我们置身于急流中，挣扎着盯住岸上依稀可见的残垣破壁，但惊涛又把我们卷了回来，推向深渊"。① 而与此同时，大西洋彼岸的美国已经建立起一个欣欣向荣的民主社会。继承着孟德斯鸠的比较文化这一传统，托克维尔在1832年踏上美国的国土寻求法国社会问题的解决之道，这一次考察的直接产物就是后来名扬世界的著作《论美国的民主》。

从研究方法上讲，托克维尔借鉴了法国社会学传统中前辈们的观点。与基佐类似，他通过民主新世界的视角观察集权化和原子化的危害；他像贡斯当那样捍卫现代的自由，也像卢梭那样珍视公共自由的美德；和斯戴尔一样，他也强调了行动的社会条件和意义的文化背景。但最重要的是，通过跟随孟德斯鸠的脚步，他考察了美国社会中的气候、宗教、法律、政府准则、习俗和民情等诸多方面。托克维尔对美国社会采取了属于田野研究（field study）的研究方法，强调研究者以不带理论预设的方式，深入到研究现象的生活背景中，以参与式观察和深度访谈等方法收集资料，并通过对这

---

① 引自本书第47页。

些资料的分析达到对研究对象的理解和解释，这一研究方式日后成为解释主义范式的主要研究方法。它有着三个非常明显的特征：第一，强调研究情境的自然状态，其目的是为了获得关于研究对象的最真实知识；第二，强调研究者以"土著"（研究对象）的眼光去观察政治文化观念与价值，以"土著"的思维去分析政治文化观念与价值；第三，这一研究方法可以更好地了解当地历史、社会关系和文化的发展脉络，从而以一种历史主义的方式来阅读、理解政治文化，因为政治文化是人们在历史发展过程中主动"建构"出来的。

在布林特的《政治文化的谱系》一书中，德国文化哲学传统从康德开始到韦伯结束。尽管法国社会学传统与德国文化哲学传统同属解释主义范式这一阵营，但是两者之间还是有着很大的区别。与法国思想家一样，德国思想家也同样关注着自己国家的政治命运。然而，与法国这样早期的现代化国家不一样，德国的政治命运有着完全不同的场景，国家的统一与经济的起飞都需要一个强有力的政府来推动。法国大革命之后的血雨腥风更是让德国思想家们深为担忧，于是这一时期的德国思想家们更多转向了哲学层次上的思辨，转向了人的内心世界。

从哲学基础上讲，康德在猛烈地抨击了经验主义者休谟之后，认为人类的知识和能动性并非根源于外部世界，而是来源于人类精神的内在的或主观的能力。在他的第一"批判"——《纯粹理性批判》中，康德把他在认识论上的成就比作是自然哲学中的"哥白尼革命"。换言之，康德认为，人类的知识并不是对于外在客观世界规律的简单发现，相反，人类的知识来源于人类先天的认知结构，在于人类运用先天认知的能力来解读、阐释客观世界。

尽管布林特把康德、赫尔德、洪堡、黑格尔、卡尔·马克思，以及马克斯·韦伯都纳入德国的文化哲学传统之中，但是要寻找这些人的共同之处还是存在着一定的困难，因为他们之间的分歧在某种程度上讲可以说是大于共性。也许有一点是相通的，他们都强调了人的内心世界，也就是说，他们强调了人类的主观能动性。

另外，像康德、黑格尔、马克思这样的思想家都强调寻求普遍性规律的重要性，并为此在哲学上建立起一个宏大的、普遍性的解释框架。而像赫尔德、洪堡、韦伯这样的思想家显然是反对这样的观点的。赫尔德强调历史和文化的多元性，他指出："每个单独的共同体都是一个民族，一个拥有它自己民族特征和语言的民族。"[①] 洪堡认为，"每一种语言都反映了使用这种语言的民族的精神。语言是这一民族进行思想创造和沟通的独特载休。"[②] 根据布林特的观点，洪堡非常反感康德等人的目的论的历史观，他强调民族文化的个性，进而主张以一种历史的、语言学的方法去挖掘一国民

[①] Johann Gottfried Herder, *Ideen zur Philosophie der Geschichte der Menschheit*, in *Werke*, Band 13, 258.

[②] Wilhelm von Humboldt, "Über die Aufgabe des Geschichtschreibers", in *Gesammelte Schriften*, Band 4, 55.

族文化的特性。

韦伯不仅仅主张比较文化分析，而且强调比较文化分析是要发现各个文化的特性而不是寻求同一性。在这一点上他与赫尔德以及洪堡有相通之处。当然，韦伯又比赫尔德与洪堡更进一步，他对于解释主义范式最大的贡献莫过于他所主张的诠释学方法。诠释学传统可以追溯到弗里德里希·施莱尔马赫（Friedrich Schleiermache），他是德国18世纪末19世纪初的神学家、哲学家，尤其擅长于释经学。在他的《圣经》注释中，施莱尔马赫主张一种诠释技巧，试图捕捉文本里的精神以及它内在的意义。马克斯·韦伯发展了施莱尔马赫的这一诠释技巧，提出人类是置身于由他自己所编织的意义之网中的动物，因此社会科学研究的重点不在于探索人类社会活动的客观规律，而在于解释人类活动所具有的主观意义。也就是说，人类的社会活动本身都具有特定的文化意义，只有把握了这些文化意义，我们才能够理解人类的社会活动何以发生。马克斯·韦伯的这一主张后来被格尔茨全盘接受，并在格尔茨的《地方性知识：阐释人类学论文集》一书中得到了全面的解释。①

在布林特的《政治文化的谱系》一书中，美国的科学主义传统始于"二战"结束之后的年代，并且在20世纪60年代末成为美国政治科学的焦点，这一科学主义传统有力地

---

① 〔美〕克利福德·格尔茨：《地方性知识：阐释人类学论文集》，王海龙等译，中央编译出版社，2000。

推动了政治文化的实证主义范式在美国出现，阿尔蒙德与维巴 1963 年出版的《公民文化》一书可以说是这一研究范式的典范之作，也是奠基之作。

政治文化研究的实证主义范式在美国能够形成，也在于"二战"之后美国政治学者们面临着不同的任务与挑战。

第一，20 世纪 50 年代的世界处于急剧变迁的过程中，一大批殖民地国家纷纷独立，世界上独立民族国家的数量急剧增加，这就使得原来主要集中于西方国家的政治文化研究范围需要扩展至非西方世界，特别是刚刚摆脱殖民统治而获得独立的新兴国家。传统的政治文化研究被指责为具有西方中心主义的倾向，因为它只研究西方民主国家，而忽视对殖民世界的研究，或者对非西方世界的政治文化采取一种猎奇主义的态度。正如爱德华·萨义德（Edward Said）在批判欧洲"东方主义"时指出的，欧洲的"东方主义"是"根据东方在欧洲西方经验中的特殊位置来解读东方的一种方式"，通过建构一个"神秘"（并且最终是"劣等的"）的东方来形成对西方政治文化的定义。①

阿尔蒙德所主张的实证主义范式主张通过客观、系统的科学方法去描述和解释政治文化的诸多现象，而力图避免以欧洲中心主义的倾向去认知非西方世界的政治文化，这一主张使得实证主义范式迅速成为"二战"之后政治文化研究

---

① Edward Said, *Orientalism*, New York：Vintage, 1979, p. 1.

的主流范式。

第二，美国在"二战"之后成为世界上的领导国家之一，对于新独立的发展中国家每年有着大量的援助。如何更合理地为这些新独立的发展中国家提供援助以及提供发展指导，美国政府领导人需要政治学者们提供客观的研究报告来帮助他们理解这些国家所面临的独特政治文化场景。这一要求无疑鼓励了政治文化研究的实证主义范式在美国的发展。

第三，与德国和法国的思想家不同，美国学者重视科学的研究方法以及强调经验主义的哲学传统，这就为政治文化的实证主义范式提供了知识上的准备。与欧洲大陆的哲学传统迥异，美国学者一直深受经验主义者休谟等人的影响，强调人类的知识来源于外在的客观世界。作为实用主义"芝加哥学派"的创始人，哲学家杜威对于实证主义范式在美国的形成有着重要的影响。而阿尔蒙德正是在芝加哥大学进行了长达10年的学习和研究，完成了他后来学术研究的知识储备。

第四，正如前面所提到的，20世纪初，随着心理学的重大发展，尤其是社会心理学、文化心理学以及临床心理学的重大发展，都为政治文化研究的实证主义范式提供了最为直接的研究方法与理论资源。一方面，心理学的发展表明可以从个体的层次上收集数据来分析群体心理/文化特征；另一方面，临床心理学的成果为政治文化的研究提供了一系列实用的测量工具，通过运用这些测量工具政治文化研究者们可以通过观察个体的行为倾向来推论一个社会的政治文化特征。尤其值得注意的是，阿尔蒙德在芝加哥大学的老师中有弗兰克·奈特（Frank Knight）、哈罗德·拉斯韦尔（Harold Lasswell）和米德（G. H. Mead）等学术名宿，他们都为行为主义心理学在政治学中的应用进行了诸多有益的尝试。

四　结语与展望

综上所述，政治文化复兴之后，由于受到不同的历史传统、哲学范式的影响，政治文化研究中一直呈现强烈的方法论对立，其结果就是处于实证主义范式与解释主义范式两大阵营中的政治文化研究者们缺少交流与对话，形成了实际上的分裂状态。有些学者对于这种学科分裂的现状表示了深深的失望，比如阿尔蒙德在其发表的《分离的桌子》一文中就表达了类似的情绪："［政治文化研究］的各个流派现在各自独坐在分离的桌子旁，使用着自以为恰当的政治学概念，同时保护着自己流派弱点的秘密。"① 有的则表示了喜悦之情，认为正是这种研究方法的多元化标志着"政治文化的复兴"有着强劲的生命力，开创了政治文化研究的新局面。布林特在《政治文化的谱系》一书中就指出："目前的理论要求表明，政治文化的复兴不应是简单回归到阿尔蒙德

---

① Gabriel Almond, "Separate Tables," in PS: *Political Science and Politics*, 21 (1988), p. 828.

'科学'方法取向的源头，而是应该吸纳其他更具'大陆性的'——更具社会学的和诠释性的——方法。那么，政治文化重生之转型，就可以表达为一种包容性而非排斥性的政治文化之复兴。"①

布林特并没有采取一种简单的综合主义态度来对待这些彼此完全不同的研究方法，因为任何简单的"和稀泥式"的综合方法都忽略了这些不同的方法论工具有着不同的政治关注、不同的哲学基础。相反，布林特采取了一种呼吁竞争、呼吁对话的态度来处理这些不同的方法论工具，他强调这些方法论工具都包含自己的长处和短处，适合不同的研究任务，并各自提供了政治文化分析的有力工具。那么，只有在相互竞争、相互对话之中，这些不同的方法论工具才能帮助我们加深对政治文化的理解，也唯有如此，政治文化研究才能保持应有的活力与价值。布林特的这一主张与比较政治学大师级人物普沃斯基（Adam Przeworski）所主张的方法论"机会主义者"有些类似，普沃斯基认为，不同方法论工具都有其优势，一味地争论孰优孰差是一场没有意义的口水之争。

总而论之，《政治文化的谱系》这本书尽管部头不大，但是信息量非常大。尤其，布林特所主张的包容的、多元主义的方法论对于当前中国的政治文化研究有着重要的启示性

---

① 引自本书第172页。

作用。诚然，在当前中国，关于政治文化的研究还没有形成方法论上的分歧与争论。但是，由于受到西方学术界的影响，政治文化研究者们已经开始意识到不同方法之间的竞争性关系，并开始有意识地对这些方法厚此薄彼。笔者认为，多元主义的方法论与不同方法论之间的对话无疑是一种最佳的选择，这显然有利于政治文化研究在中国的繁荣与发展。面对特定的政治文化研究议题，我们应努力去寻找最优的方法论工具。因此，对于不同的方法论工具，我们应保持一种开放的心态，而不是恪守某一种方法论工具一成不变，因为这只会把中国政治文化研究引上一条分裂的学科之路。

致　谢

　　本书的面世，离不开弗吉尼亚大学托马斯·杰斐逊纪念基金会（the Thomas Jefferson Memorial Foundation）和夏季教师研究项目（the Summer Faculty Research Program）的慷慨资助。此外，我还要感谢弗吉尼亚大学的副校长兼教务长休·凯利（Hugh Kelly）和唐宁学院的财务主管大卫·布拉凯德（David Blackadder），他们为我在剑桥大学安排了研究职位，而本书也正是在那里完成的。唐宁学院的教师与研究生为我创造了活跃的知识氛围。理查德·斯蒂布斯（Richard Stibbs）和克里斯托弗·安德顿（Christopher Anderton）帮助我联系到剑桥的计算机设备。同时，弗吉尼亚大学的威廉·韦弗（William Weaver）和大卫·赫宁甘（David Hennigan）在我写作和修改手稿的过程中提供了诸多帮助。我还要感谢我在弗吉尼亚大学的同事詹姆斯·恺撒（James Ceaser）和大卫·奥布莱恩（David O'Brien）。在此，我要对上述大西洋两岸的诸君深致谢忱。

同时，我也感激西方视野出版社（Westview Press）的高级编辑珍妮弗·克内尔（Jennifer Kneer），以及西方视野的政治文化丛书主编阿伦·威尔达夫斯基（Aaron Wildavsky）。这些和善的人们不仅给予我睿智的批评、鼓励和支持，还邀约我写作本书。最后，我谨向威廉·亚当斯（William Adams）致以谢意，他对不同政治文化研究路径之间差异性的聪慧感知，为我提供了大量富有成效的指导。虽然我和亚当斯已经就政治文化问题讨论了数年，但写作该书的想法在实际上却源于两件事情。第一件是我的朋友——当时居住在弗吉尼亚大学的驻校外交官[1]（diplomat-in-residence）理查德·阿伦特（Richard Arendt），邀请我做了一场关于政治文化概念史的演讲。随后，在 1988 年中西部政治学学会（the Midwestern Political Science Association）会议上，詹姆斯·恺撒（James Ceasar）、罗纳德·英格尔哈特（Ronald Inglehart）、斯蒂芬·奇尔顿（Stephen Chilton）和玛格丽特·布拉邦（Margaret Brabant）就此主题和我进行了批判性的对话。这一经历，加之我对政治文化当代史的进一步研究，最终使我重新思考所谓的行为主义方法和后行为主义方法之间的辩论。对我个人而言，这一重新思考是非常有益的。

---

〔1〕 驻校外交官是美国国务院派到美国各地的外事服务官员，他们为大学生以及所在社区提供职业发展建议。这些外事服务官员一般常驻高校，为那些立志于从事外事工作的学生提供信息与咨询。——译者注

　　和许多人一样，在后行为主义革命的全盛时期，我的兄弟史蒂文和我进入了社会科学领域。当时，学者似乎得被迫在一组在我现在看来人为的且不准确的分支之间做出选择。作为一名优秀的社会理论家，史蒂文走上了政治社会学这条更加"科学"和"经验"的方法之路。与此同时，我则走上了相反的道路。十余年来我们之间的分歧如此之深，以至于我俩在私人和学术方面都交流甚少。这种情况固然极端，但我们的经历绝不是独一无二的。在我们的学科历史中，社会科学的大多数科系仍深陷这种令人不安的分裂之中。

　　1988 年初秋，刚好在加布里埃尔·阿尔蒙德的作品《分离的桌子》（本书的最后一部分讨论了这一作品）出版之后，史蒂文和我终于在同一张桌子边对坐畅谈。我们的交谈和批判性对话在本书中清晰可辨。我谨在此感谢我的兄弟史蒂文·格雷戈里·布林特（Steven Gregory Brint），感谢他精辟的分析、批判的反思，贡献了诸多智识。

　　最重要的是，我欣慰地将本书献给我的妻子卡米尔（Camille）和我们的儿子凯斯·泰勒（Case Tyler），由衷感谢他们带来的不尽欢笑与关爱。

迈克尔·布林特

唐宁学院

剑桥大学

目　录

1

导　言

究竟在何种社会与历史条件下，自由民主政体能够得到最好的制度支持？要稳定这种政体需要何种心理取向？按照政治参与者的方式来理解一个政体有多重要？在政治结构的发展和转变中，文化发挥怎样的作用？这些只是由政治文化研究带来的诸多问题中的很小一部分。

伴随着后冷战时代国家的突然降生与华丽转身，人们对政治文化研究兴趣的复兴就不会令人感到意外。事实上，在过去几年里，政治科学所经历的无非是政治文化的复兴。基于这一复兴，回溯政治文化研究的概念史和谱系可能是有益的。毕竟，如果政治文化作为一门学科重获新生，那么其诞生和根源似乎都是与谱系研究的主题相契合、相关联的。

但同时，提出政治文化"谱系"（genealogy）的这一想法可能引发某种颠覆性的事业。弗里德里希·尼采（Friedrich Nietzsche）和米歇尔·福柯（Michel Foucault）皆是以此闻名。他们的谱系研究切断了历史和记忆的连接，通过创建一种破坏性的"反记忆"（countermemory）颠覆了我们对过去的记忆。他们提醒我们，历史不是进步的伟大行军，而是变化的破碎组合。对于铬刻于我们最珍惜与敬重的理想和制度中的历史，他们则解读为一种虚弱、压迫、支配欲和控制欲的历史。

吊诡的是，似乎存在一种基本的统一性，这种统一性强化、认可并最终破坏了尼采和福柯的解释。在西方文化传统中频现的情况是，历史似乎总归结到性和权力的弥散。从特拉西马库斯到弗洛伊德，这种历史经常被提及。而在尼采和福柯的笔下，它则成了具有各种伪装和变身的权力意志和性压抑的谱系故事。

然而与尼采和福柯不同，谱系不是关于历史的统一主题（无论是颠覆性的还是启发性的，无论是神圣的抑或世俗的），而是关于差异的。通过将历史构想成差异的摹写，谱系研究者就可以在文化的重新整理中发挥有益作用。在进行研究时，谱系研究者可以让我们想起曾经被采用过的不同路径，它们在当下受到遮蔽，被我们忽视了、摒弃了或者遗忘了。换种稍微不同的说法，一种历史的谱系始终是关于历史的一种谱系。

这一点和政治文化研究尤其相关。在西方文化传统中，政治文化研究并非遵循单一的发展线索。相反，政治文化正是以复杂和多元化的基因与历史为特点。在本书阐述的政治文化谱系中，我当然无法穷尽发生在不同地点、不同时间、基于不同文化和知识环境下的全部源头。我将集中于三种可供选择的政治文化研究路径，它们分别源于三种不同的文化传统。我将依次对下列三种文化传统——从孟德斯鸠到托克维尔的法国社会学传统，从康德到韦伯的德国文化哲学传统，以及始于"二战"结束之后的年代，并且在 20 世纪 60 年代末成为美国政治科学争论焦点的政治文化科学或所谓的行为主义路径——进行一般性考察。

在一开始，我将对它们的一些基本差异加以概述，以便理解三种路径各自的独特性质。与此特别相关的是，我将根据三个国家的学者们定义政治文化观念或概念的典型方式，他们在研究这一概念时普遍采用的方法论路径，以及在研究中提出的问题及其回答，来考察法国、德国和美国传统的差异。

法国社会学传统

在法国，孟德斯鸠（Charles Louis de Secondat, baron de Montesquieu）被普遍认为是现代政治文化研究的创始人。在《论法的精神》（*Esprit des lois*）中，他调查了诸如一国的气候、人民的生活方式、被容许的自由的程度、居民的宗教、国家的财富、人口和商业，以及国家的习惯、习俗和传统这些特征。国家的制度结构、文化气质和物理环境的这种复杂联系，构成了他所称的法的"精神"。

从孟德斯鸠的分析出发，让-雅克·卢梭（Jean-

Jacques Rousseau)、杰曼·斯戴尔（Germaine de Staël）、本杰明·贡斯当（Benjamin Constant）、皮埃尔·罗耶尔-科拉尔（Pierre Royer-Collard）、弗朗索瓦·基佐（François Guizot）和阿历克西·德·托克维尔（Alexis de Tocqueville）这些政治立场各异的政治思想家，都开始分析在怎样的历史和社会条件下，诸种政体能够从制度上和文化上得以建立和运行。而且，他们特别强调了习俗（les moeurs）——文化习性、惯例、品质、传统以及人民期望的政治影响。

在政治文化研究中，对于作为经验主义和理性主义这两种哲学传统共享的基本前提的个人主义，上述思想家们往往在方法论上加以拒绝。例如，他们高度怀疑这种观点，即一种社会理论可以基于人类心灵的主观或心理因素。回头看他们的思想，我认为他们确立了一种哲学基础，以此来否定如下观点：主观态度或者可被观察之行为的聚合，能够充分解释政治文化。相反，他们对人类行为的分析，是在社会规范和规则指导之下的行为的场景之中进行的。特定政体中的个人动机与意图，只有在这些社会规范和规则指导之下的行为中才能呈现其意义。此外，他们通过理解社会变化的历史动力学，向当时经验主义者的社会哲学所具有的"非历史"（ahistorical）特征提出了挑战。

一般来说，这种传统中的作者打算让各自的研究变成能够理解不同历史时期、不同文化条件下的不同政府形式的社会学差异的工具。在这个过程中，他们往往探寻各种视角，借以洞悉他们自己文化的精神。因此，我不认为他们的作品仅仅是为法国读者准备的。毋宁说，在发现、探究其他文化——事实上是在扮演"他者"——的过程中，这些作者提供了他们对法国的诸多深刻反思。

德国文化哲学传统

18 与 19 世纪之交，在法国人着力发展其"习俗"概念的同时，一场哲学革命正在德国上演。例如，在此期间出现了两个概念的转变。首先，中世纪鼎盛时期的观点被打破了。原有的观点认为，世界作为预先规定的道德安排而存在，这一预设的道德安排在某些场合依托于一些外在于人类行为的东西之上。但是从歌德（Goethe）开始，人类越来越被看作是世界的生产者和制造者。与此一致，现实的终极本质和知识的基础不仅源自外部世界，而且源自人类主体性的动力和生产力。换句话说，正是人类的自我、主体性和内在能动性，具有创造世界的力量。

其次，历史开始被认为是统一的运动。历史不再被认为是地方事件之集合，服务于道德上的目标、指引和启发，而是似乎拥有自己的逻辑。历史依据一种独特的动力学而展开，这种动力学能够被描述与理解，并且朝向理性的实现前进。从德国文化哲学的这些变革开始，政治文化被看作是人类意识与劳动在世界上的历史扩散和客观表达。

　　对政治文化的这个定义，在很大程度上要归结于伊曼努尔·康德（Immanuel Kant）的哲学革命。正是康德喊出了批评经验主义者的呼声。他否认外在世界是人类知识的基础，观念是感知的图像，心灵是世界的镜子。在他所谓的"哥白尼革命"中，康德颠覆了经验主义者的立场。在他那里，心灵被认为是知识的居所，而世界则成为心灵的镜子。正是人类心灵的结构是世界的裁判者，人类心灵的能力赋予证据以意义，赋予经验以秩序。

　　康德关注人类知识与经验结构的认知和主观方面，对德国传统中的政治文化研究产生了深远影响。事实上，从约翰·哥特弗雷德·赫尔德（Johann Gottfried Herder）、威廉·冯·洪堡（Wilhelm von Humboldt）到黑格尔（G. W. F. Hegel）、卡尔·马克思（Karl Marx）和马克斯·韦伯（Max Weber）这些思想家身上，都能感受到康德革命立场的影响。甚至是当代认知的、象征的和诠释的人类学得以发展的可能性条件，都可归功于康德的哲学革命。

　　举例来说，尽管受到韦伯和诠释学传统的强烈影响，政治文化的解释主义路径仍旧清晰地显示出康德的影响。这种解释主义倾向于按照社会思想的结构来设想文化，而不是将其理解为心灵的释放。尤其是解释主义者们注重文化的与主体间的象征，注重镌刻于政治实践之中的集体意义。要了解一种文化，我们不能简单地观察个人表现的行为，而是必须了解那些被称为文化语法或政体叙事的事物，即了解其社会、文化和话语实践的内在一致性。以此来说，正如文本或文本的集合，一种文化的意义也必须经由严格的解释技术才能呈现。其目标是，在分析参与者在既定文化领域内象征性地规定和构造自身经验的途径的基础上，来逐步建构跨文化的普遍化。正如我们将看到的，这种方法已经被克利福德·格尔茨（Clifford Geertz）"深描"的解释主义富有成效地加以运用。

美国科学方法

韦伯的作品不仅极大地影响了格尔茨的解释主义方法，而且也极大地影响了众多美国政治学家和社会学家的思想。例如，塔尔科特·帕森斯（Talcott Parsons）和爱德华·希尔斯（Edward Shils）根据韦伯的行动理论，开展了对行为的主观取向的系统研究。在此研究基础上，像加布里埃尔·阿尔蒙德（Gabriel Almond）、派伊（Lucien Pye）和西德尼·维巴（Sidney Verba）等政治学家建立起政治文化研究的美国式科学路径。就其基本内涵而言，这种研究路径可以被定义为对个人关于其政治体制的信仰、情感和判断的研究。更准确地说，它是对个人对其政治体系的心理取向的分析。再进一步说，它是对具体政治对象的认知取向、情感取向和评价取向的研究。

在测量个人对政治体制的态度时，美国政治学家开始采用新开发的社会调查研究的实证技术。传统的制度研究关注政治的外在形式上的特征，诸如政党的结构、法治的功能和政府各部门之间的制衡等，而这批政治科学家们则对政治行为的主观维度深感兴趣。在他们看来，分析这种行为有希望提供一种无偏见的比较路径，来理解最有益于稳固自由民主政体的文化。

在政治学学科发展史中司空见惯的是，研究意图往往由世界形势所塑造。与当代不同，在"二战"结束之时，新兴国家纷纷建立，而欧洲正经历重大转型。"二战"之后的斯大林主义和"二战"之前的法西斯主义看起来好像是自由民主政体发展的唯一替代性选项。在此背景之下，阿尔蒙德和维巴对民主稳定问题感兴趣就不足为奇了。何种文化习惯和信念，怎样的态度和取向，最能支持大众民主？正是带着对这些问题的关切，他们开始了对政治文化研究的求索。

政治科学的文化

到 20 世纪 60 年代末，阿尔蒙德和维巴的方法论开始受到后行为主义革命日益猛烈的批评。在这一点上，这一"革命"对政治学本身的"科学"性质提出了质疑。尤其是它似乎围绕着这一问题，那就是，社会研究是否（或者在何种程度上）能够采用从自然科学中类推出的方法。坦率地说，在我看来这些问题从来就没有多少价值。事实上，美国政治学行为主义和后行为主义思想家之间的争论，如同没有建设意义的学术练习。

　　针对政治文化研究的不同路径，明智的做法不是认定它
们彼此排斥，而是将其看作不同的分析工具，每一个对于它
们各自设定的分析任务来说都起到了最好的作用。举例来说，
如果我们对社会经济结构和政体的跨文化分析感兴趣，那么
实证研究可能是最合适的；如果我们对明辨两种文化中的民
主化模式之差异感兴趣，那么比较社会学的方法可能提供最
佳结果；如果我们对一个特定国家在建立民主政体的过程中
所面临的传统文化之差异感兴趣，那么解释主义的路径可能
是最有价值的。关键是这些方法中的每一种都具有不同的功
能，它们提供不同的概念化途径，将意义与实践联系起来。

　　当然，对一些人来说，强调这些研究路径的差异性和不
同功能，看起来好像无非是另一番说辞，来试图证明相对主
义和历史主义的观点，或者毫无批判性的思维的合理性。但
是，我秉持的这种知识多元主义并不排斥批判性的评估。事
实反而更可能是：正是我们之间的分歧使得批判性的反思成
为可能。为了阐明这一主张，我考察了学者们对自由民主政
体中政治参与之作用的不同观点，通过评估这些彼此对立的
观点来总结上述工作。尽管没有一种方法能独自妥善处理政
治参与呈现的复杂问题，但每种方法都有助于说明其对手的
分析局限。我认为，正是通过这些相互竞争的立场之间的批
判性对话，政治文化的复兴才能在政治学的园地里健康地发
育成长。

第一编 ▶ 扮演他者：法国的
社会学传统

第一章　孟德斯鸠：野兽和神之间

　　就像他的先辈亚里士多德和后辈黑格尔，孟德斯鸠也被认为是西方传统中伟大的综合思想家之一。他的思维被校准以观察对称性的正式原则和协调平衡（这种对称性所允许的）的立场。这种平衡感的一部分无疑反映出亚里士多德学派的敏锐。实际上，孟德斯鸠经常被描绘成最地道的亚里士多德主义者。据说他拥有谨慎、熟虑、明断和节制这些鲜明的品质，这都是亚里士多德的德性学说所强调的。而更重要的是，他遵循了大量亚里士多德的政治学和哲学学说。

　　例如，他借鉴了亚里士多德的自然类别概念。在《形而上学》（*Metaphysics*）第四篇中，亚里士多德将自然（physis）定义为在其自身包含着运动的根源。[①]他关注自然之物的内在活力或生命力原则，其所依据的信条是，每种生物都是从其内在潜质发展成长，达到实际的、最后的目的或形式。对亚里士多德来说，一个物种的目的（telos）决定了它在自然物中的属性。

亚里士多德将这种生物学模型应用于政治领域。就像自然类别那样，他把不同政体定义为目的性各不相同的整体（entelechies），它们分别拥有不同的内在结构和生命力原则。在许多重要方面，孟德斯鸠继承了亚里士多德的这一观点。像亚里士多德一样，他相信，政治学从根本上关注政体的起源、发展和衰退，这些政体就如同有目的性的整体或生命形式。他也和亚里士多德一样强调这一事实，即不同政体是与其道德和政治环境相适应的。因此在《论法的精神》（De l'esprit des lois）中，孟德斯鸠分析了君主政体、专制政体和共和政体（民主的与贵族的）这三种政府的自然类别或形式的发展过程、生命力原则和适宜的条件。

可是，与亚里士多德不同，孟德斯鸠并不满足于只依据制度结构划分政体，相反，他通过所谓的"社会条件"（la condition sociale）来辨别不同的政体。在这里，孟德斯鸠的政治思想出现了鲜明的现代转向。的确，孟德斯鸠对一国复杂生活形式的社会条件和政治条件所做的区分，对后来的政治文化研究产生了深远影响。比如，"意识到他洞察力的深度"，黑格尔认为，在考虑"一个民族特定的国民性、国家的历史发展，以及社会和政治关系的复杂总和"②的基础上，孟德斯鸠阐述了现代国家的内在发展。按黑格尔的说法，这完全不同于"将政体分为君主政体、贵族政体和民主政体这种古代分类，这种古代分类是基于一种未区分的统一体概念，这是一种尚未达到其内在分化与内部组织的统一体"。③

在《论法的精神》的著名段落中，孟德斯鸠明确表达了自己方法的核心原则："人类受多种事物的支配：气候、宗教、法律、政体原则、惯例、习俗、习惯。上述因素的总和，就构成了一般精神。"④他声称，社会条件和物理环境一道，限定了一种政体得以在制度上推行的范围。社会条件不仅指政治体的社会结构，还包括民族的习俗（les moeurs）、习惯、惯例、预期和传统。

当论及社会条件和习俗时，孟德斯鸠认为每种政体均具有其独特的内在结构、使其能够运作和发挥效能的内在动力原则或力量。"政体的性质和原则的区别在于，政体的性质是构成政体本身的要素，而政体的原则是使政体运行的关键。前者是政体特殊的结构，后者则是推动政体运行的人类感情。"⑤社会行为的这些"原则"或推动力使政体具有效能。

尽管孟德斯鸠的生命力原则大都受亚里士多德自然学说（doctrine of nature）的影响，但也得益于 17 世纪兴起的哲学力学（philosophical mechanics）的诸多原则。举例来说，在谈论政体原则的时候，他抛却了亚里士多德通常使用的生物学隐喻，而采用了明显的机械论的术语（mechanistic terms）。借用 17 世纪物理学的语言，他宣称社会的世界就像物理的世界，也是由互相吸引和排斥的复杂力量构成的。他将由复杂力量交织形成的不同政体原则描写为使政府机制合理运转和发挥功效的"行动源泉"。⑥

这种行动源泉有不同称谓：在共和政体的两种形式里，民主政体是美德，贵族政体则是节制；在君主政体中被称为荣誉；在专制政体中被定义成恐怖。他将法国君主政体置于古典共和的美德和专制统治的恐惧之间，这就不仅仅是巧合了，而是与他的形式上的对称感及调和感相一致。考虑到现代社会的主要社会条件，孟德斯鸠认为古代美德再也无法从制度上推行，真正现实的可能是专制主义的出现。就此而言，法国陷于野兽与神（*entre bêtes et Dieux*）之间，即古代品德的消逝和专制威胁的增长之间。

在《论法的精神》中，孟德斯鸠将专制政体的本质定义为，掌握最高主权的是"独自一人，没有法律，没有规则，在所有事情上，都按照自己的意志以及变化无常的情绪任性而为"。⑦孟德斯鸠对制度性的权力趋向集权化发展并屈从于个人——无论是国王还是教皇——的任性，感到深切的忧虑，因而批判了传统的"双剑之辩"（two swords controversy）——中世纪盛期欧洲教会权力和世俗权力之间发生的论争——的双方。他告诉我们，这场争论在 7 个世纪后的法国仍然存在。一方面，它塑造了教皇至高无上的地位；另一方面，它也促成了君权神授学说的形成。

基于神授的权力，绝对国家权力的合法性与王位世袭制之间建立起了牢不可破的联系。孟德斯鸠强烈反对君权神授观，他强调，君主政体能够得到制度上的支持，其原因是特定的文化因素。沿着这条路径，他从根本上重释了合法性的问题。国王权力不再是一个永恒和神圣的权利，而是取决于历史、文化、气候和舆情的特定条件。在这一问题上，孟德斯鸠这种激进但并不具颠覆性的观点，源于他担忧正当性的传统形式会让专制君主的恣意妄为和无限权力合法化。为了举例证明这种恐惧，他将目光投向了东方。"在波斯，当国王谴责某人时，没有人敢于申辩或乞求仁慈。即使国王喝醉或发疯，他的命令也照旧执行。"⑧

孟德斯鸠也批判了"双剑之辩"的另一方，反对上帝赋予教皇权威的绝对地位。他再一次担心这种地位会将专制权力合法化。在描述教皇克莱门特十世（Pope Clement X）的恣意妄为时，他再次将眼光投向了东方的专制实践：

据说，某个被选为教皇的人无法胜任，上任之初万般为难，最后他将所有的管理事物交给他的侄子经办。被架空的教皇说："我从未感到过当教皇如此容易。"东方的君主们也有同感。他们蛰居在监狱般的深宫之中，那里的宦官已让他们的心神日趋颓唐，甚至于常常让他们忘记自己的身份。一旦人们将他们推上王位，他们起初是惊愕不已，然而，当他们任命了一个大臣之后，便在他们的后宫里开始放纵起极为兽性的情欲。在一个衰败的宫廷里，他们从事着种种最愚蠢的肆意妄为，他们从未想到当君王是如此的容易。⑨

正如这些例子所暗示的，孟德斯鸠始终将专制主义和东方政治文化联系起来。在这方面，他的做法似乎为爱德华·萨义德（Edward Said）对欧洲"东方主义"的定义作了解说。萨义德把欧洲"东方主义"定义为"根据东方在欧洲人的西方经验中的特殊位置而解读东方的一种方式"。"东方不仅仅是毗邻欧洲的东方"，它是"西方最深刻的最经常复现的对他者的印象之一"。⑩萨义德认为，作为"他者"，东方也帮助界定了欧洲和西方。"东方主义"在很大程度上已经成为建构西方的一部分。因此，萨义德认为"西方"通过这一"神秘"（并且最终是"劣等的"）的东方定义了自身，与此同时，它也用定义自身的方式建构了东方这一"他者"。

在《波斯人信札》（Lettres persanes）和《论法的精神》中，孟德斯鸠因为参与了萨义德所谓的作为"主宰、重构并且凌驾于东方之上的西方模式"⑪的东方主义话语实践，而无疑受到后人指责。在孟德斯鸠看来，通过声称文化、国民性和政体上的优越性，西方对东方的权威明确地建立起来了。

与萨义德对东方主义的批判性描述不同，孟德斯鸠的"他者"并非总是与同一性和差异性的动力相连，亦非被理解为与自我概念之纯净性相对的败坏之物。实际上他经常将这种动力与其戏剧性的重大影响前后颠倒。例如，在《波斯人信札》中，通过扮演"他者"，孟德斯鸠获得了置身法国社会之外的局外人视角。⑫他通过主人公讽刺了法国令人眼花缭乱的生活习惯、礼仪和文化习俗。他批判国王和教皇的关系，律师、牧师、修士、医生、诡辩家、包税人和法官等职业；批判法国上层社会、饶舌者、文学评论家、夸夸其谈者、知识分子的虚荣，以及批评法国人沉溺于色情、赌博、滑稽和时尚。对于后者，例如在《波斯人信札》中，一个叫黎加（Rica）的波斯游客在信中描述了自己和法国人谈话后的惊异，"只要你赞同法国人穿得更为得体，他们就会高兴地宣称其他国家的人更加明智"。⑬

通过他者的视角，孟德斯鸠对法国文化的讽刺成为批判性的自我反思的形式。与此相似，在他对法国的批判性评估中，东方与专制的联系扮演了重要角色。考虑到这种联系，孟德斯鸠的"专制—东方—他者"观点反映了当时对典型东方的西方式建构，这也就不足为奇了。但关键是要进一步追问，孟德斯鸠所建构的波斯告诉我们他是如何理解法国专制主义威胁的。

比如在《波斯人信札》中通过扮演"他者"，孟德斯鸠有失公平地把路易十四的统治比作苏丹，正如郁斯贝克（Usbek）给友人伊本（Ibben）的信中所言，"法国国王老了"。

历史上还没有一位君主在位这样久的先例。据说，这位国王有着让臣民顺从的突出天才，他用同样的天才治理着家庭、王室和家人。人们常听到他说，在全世界的所有政府之中，他最感兴趣的是土耳其人的政府和我们的受人尊敬的苏丹政府。可见他多么重视东方政治啊！⑭

在这里，孟德斯鸠有意根据与东方模式的远近和相似性来确立法国人对专制的认识。通过展示波斯和法国之间的连续性，郁斯贝克（Usbek）含蓄地指出法国可能的发展方向。而这也同样体现在《论法的精神》中。在那里，孟德斯鸠对东方的描述昭示了触目惊心的危险形势。通过这个视角，他看到法国政权的腐化堕落及其对法国社会精神产生的普遍影响。

虽然孟德斯鸠对专制主义的态度相对清晰，但是他对古代共和国的判断就复杂得多。他将共和国的性质定义为全体人民拥有无上权力的政体。其生命力原则是美德，即在最广泛的意义上被定义为人类物种本身的普遍情感。他声称："没有什么比这种爱更接近神圣的天意。"⑮它要求将共同利益置于狭隘的私利之上。在共和政体的生活中，这种爱体现为公民坚定不移地献身于祖国（la patrie）的公共生活。

古代共和国公民的政治自由，体现在他们共同控制他们的命运。孟德斯鸠相信，为了支持集体自决的原则，一个共和政体必须鼓励一种爱，即对节俭、朴素、公益心，以及最重要的——平等的爱。⑯

　　孟德斯鸠认为，不管现代人的抱负多么高尚，如果他们想仿效古代共和国，那只会让现代社会蒙受损失。私人和公众之间的区分、社会活动和政治活动之间的差异将会消弭。个人将被迫把自己淹没于作为整体的政治共同体的集体认同（the moi commun）中。孟德斯鸠运用社会学方法来捍卫自己的立场，他主张，即使承认存在一些例外，但是现代的社会条件再也无法在制度上支持共和政体形式。

　　但是，孟德斯鸠相信，与现代条件相适应的谋求共同利益的统治方式是存在的。他认为，通过提供法律和习俗的框架，促使个人在追求私利时也服务于他人，那么公共利益就可以得到保障。与古代模式相反，个人追求私利的自然偏好非但不会抑制公共福祉，反而成为公共福祉的资源。孟德斯鸠认为，在最好的情况下，现代君主政体能够最有效地运行上述架构。共和政体通过把私利湮没在公共整体利益中抑制了个人利益，而君主政体却能够把对个人利益和野心的追求导向共同的善（common good）。

　　对孟德斯鸠来说，君主政体的独特源泉即荣誉。"究其本性而言，荣誉要求优惠的待遇和高贵的品爵。"⑰孟德斯鸠相信，在运作良好的君主政体中，确保优先权和得到认可的欲望会使其谋求众人的福祉。"这就如同宇宙的体系一样，"他写道，"具有某种离心力，这种力量不断地使众多的天体远离中心，同时又有某种向心力，将它们吸向中心"。在君主政体中，"荣誉推动着政治机体的各个部分运动，正是这种力量约束了他们。这样，当每个人以为在谋求自己的特殊利益时，他的行动却指向了公共利益"。[18]

虽然孟德斯鸠赞赏现代君主政体的优势，但以真正人类的卓越品质为标准，他仍然断定这一制度是有缺陷的。"大部分在政府中工作的古代人具有为自身原则献身的美德，当这种美德全面生效时，一切水到渠成……这足以震撼我们的渺小的灵魂。"[19]与古人的美德相反，"在治理良好的君主国里，"他写道，"每一个人几乎都是好公民，然而却很难找到一个好人，因为要想成为好人，就必须有做好人的意念，并且爱国家不是为了自身的利益，而是为了国家的善本身"。[20]另一方面，尽管孟德斯鸠赞赏古典美德的态度十分明确，但是他清楚其代价。"政治美德是对自己的抛弃，这总是一件非常痛苦的事情。"[21]然而在《论法的精神》第九章中，他指出，由诸多小型共和国组成的联盟能享有亲密的公民美德的恩惠，还可以因其"联合起来的共同力量而拥有大型君主国所有的优越性"。[22]

然而一般情况下，孟德斯鸠认为现代政体注定要经受真正美德的缺失。"生活在平民政府之下的古希腊公民知道，维持这一政府的唯一力量来自美德。今天我们谈及希腊人却只有制造、贸易、金融、财富，甚至奢侈。"[23]孟德斯鸠承认这种情况在君主政体中尤为真实，在荣誉这一价值的掩盖之下是空洞和琐碎的个人利益。

　　更重要的是，他担心随着权力的不断集中和路易十四的任性而为，法国似乎在朝着具有东方专制主义特征的政治和社会前进。在这种情况下，作为"他者"的东方就被建构成对法国的警示。根据孟德斯鸠的观点，一个制度化权力过于集中的国家，正在结构上走向专制。他声称，这种趋向尤其可能发生在君主政体中。

　　孟德斯鸠将现代法国的脆弱情况描绘成徘徊在他所说的东方专制主义的不祥前景和无法重拾古代美德的绝望之间。为了抵御专制主义对君主政体的侵蚀，他提倡仿效英国政府模式，在制度上实现立法权、行政权和司法权之间的分离。结合对英国模式的赞扬，他汲取了贵族制中的共和传统，呼唤被视为贵族政体动力的节制美德。基于贵族共和政体模式，他呼吁恢复作为国王和人民之间调节力量的贵族传统角色。孟德斯鸠反对忠于路易十四的保皇党和拥护教皇至上的教权主义者共同主张的权力集中，提倡宗教宽容、调和、复合性和节制这些价值，以此来维护法国政治文化。

　　但是，这些特征能否阻止法国专制主义的成长，这仍然是困扰孟德斯鸠的难题。当孟德斯鸠强调法国陷于古代和东方之间的危险处境时，让－雅克·卢梭则起而为古代辩护，抵制法国的发展趋势。他大量借鉴了孟德斯鸠对古代美德的分析，提出了公民社会（civic community）的远景，这对法

国的伦理和政治文化提出了挑战和诘难。通过将古典共和国
定义为"他者",卢梭对法国作出了自己的批判性反思。

注释

① Aristotle, *Metaphysics*, ed. W. D. Ross（Oxford：Clarendon Press, 1924），
1014b33.

② G. W. F. Hegel, *Grundlinien der Philosophie des Rechts*, in *Sämtliche Werke*,
ed. Georg Lasson（Leipzig：Felix Meiner, 1930），273：223 and 3：20
（Citations refer to paragraph and page）.

③ Hegel, *Philosophie des Rechts*, 273：222.

④ Charles Louis de Secondat, Baron de Montesquieu, *De l'esprit des lois*, in
Oeuvres complètes, ed. Roger Caillois（Paris：Gallimard, 1951），Tome 2,
558.

⑤ Montesquieu, *Esprit des lois*, 250 – 251.

⑥ 关于孟德斯鸠的机械论隐喻的例子,请阅读 *Esprit des lois*, 273 and
290 – 291。关于他对 17 世纪物理学和科学的总体上的赞美观点,请阅
读他在 1717 年发表的讲话："Discours prononcé à la rentrée de l'académie
de Bordeaux," in *Oeuvres complètes*, Tome 1, 6 – 9。

⑦ Montesquieu, *Esprit des lois*, 249.

⑧ Montesquieu, *Esprit des Lois*, 260.

⑨ Montesquieu, *Esprit des Lois*, 250.

⑩ Edward Said, *Orientalism*（New York：Vintage, 1979），1.

⑪ Edward Said, *Orientalism*（New York：Vintage, 1979），3.

⑫实际上,郁斯贝克和黎加这两个角色是双重局外人。对法国文化而言,
他们既是外来客也是"启蒙"者。此外,他们对于自己的故土也是局外
人。这样说来,孟德斯鸠就将郁斯贝克和黎加放在一个独特的位置上来
比较法国和波斯。

⑬ Montesquieu, *Lettres persanes*, in *Oeuvres complètes*, I. 279（letter 100）.

⑭ Montesquieu, *Lettres persanes*, in *Oeuvres complètes*, I. 184（letter 37）.

⑮ Montesquieu, "Discours prononcé à la rentrée du parlement de Bordeaux,

1725", in *Oeuvres complètes*, Tome 1, 48.

⑯ See Montesquieu, *Esprit des lois*, 274 – 283.

⑰ Montesquieu, *Esprit des lois*, 257.

⑱ Montesquieu, *Esprit des lois*, 257.

⑲ Montesquieu, *Esprit des lois*, 266.

⑳ Montesquieu, *Esprit des lois*, 257.

㉑ Montesquieu, *Esprit des lois*, 266.

㉒ Montesquieu, *Esprit des lois*, 369.

㉓ Montesquieu, *Esprit des lois*, 252.

第二章 卢梭和古典共和国

　　和孟德斯鸠类似，卢梭对古希腊和罗马思想的简单与透明也持有怀旧情绪。他哀悼孟德斯鸠所描述的"对祖国的爱、对真正荣耀的渴望、对自我的放弃、对一个人最珍贵利益的牺牲，以及所有只能在传说中知道的古代英雄美德"①的消逝。但卢梭的研究并非纯粹怀旧，亦非为未来描绘蓝图。相反，古典共和国为卢梭提供了可供选择的视角，让他从根本上质疑和批判法国当时的社会状况、文化状况和政治状况。卢梭从古人那里得到了一幅反衬现代社会状况条件和习俗的人类美德的肖像画。

　　卢梭追随孟德斯鸠的社会学分析，认为在共和国中，美德的基本准则得以推行需要一些具体条件。这些条件包括：

　　首先，要有一个很小的国家，使人民很容易集会，并使每个公民都能很容易认识所有其他的公民。其次，要有极其淳朴的风尚，以免发生种种烦琐的事务和棘手的争论。然后，要有地位上与财产上的高度平等，否则，权利上和权威上的平等便无法长期维持。最后，还要很少有或者根本就没有奢侈。因为奢侈或是财富的结果，或是使财富成为必需。它会同时腐蚀富人和穷人的，对于前者是以占有欲来腐蚀，对于后者是以贪婪心来腐蚀；它会把国家出卖给软弱，出卖给虚荣；它会剥夺掉国家的全体公民，使他们这一些人成为那一些人的奴隶，并使他们全体都成为舆论的奴隶。[②]

显然，从这些叙述可见，孟德斯鸠对共和国的描述帮助卢梭形成了其政治思想。不过，他们的看法之间也存在一些根本分歧。首先，不同于孟德斯鸠的政体三分法，卢梭坚持把主权和政府形式区分为两个层面。如前文所述，孟德斯鸠将共和主义定义为作为一个整体的（国家）（res publica）人民的主权，将君主制和专制主义定义为属于单个人的主权，二者的区别在于主权者是遵循法律还是凌驾于法律之上。然而对卢梭而言，合法主权一直属于全体人民。因此他认为，孟德斯鸠"没有看到，由于主权权威无论在何处都是一样的，因此在每个构建良好的国家中，同样的（美德）原则都应该有一席之地"。[③]

在卢梭的建构中，执行主权者所制定的法律是政府的职责。因此，君主制、贵族制和民主制被理解为三种政体，其功能是执行主权者颁布的法律。卢梭告诉我们，"虽然立法权力属于且只能属于人民"，但行政权力可以由一个人、许多人或者全体人民行使。[④]尽管没有一种政府形式比一个人指导下的政府更强有力了，但卢梭声称，"也没一种政府形式像它这样，特殊意志有更大的权力，更多的对人们意志的恣意支配。每件事都朝向同一目标，这是事实，但这个目标并非公共幸福，并且正是管理的力量使国家频频陷于不利"。⑤

在强调君主制这些危险的同时，另一方面，卢梭还强调纯粹民主不可能成为一种适宜的行政权力。因为全体人民参与审判并且执行自己制定的法律，这无异于要求一个"神的国度"。⑥"从不滥用政府权力的人民"，他解释说，"决不会滥用其自治。经常能很好地实行自治的人民，是不需要被人统治的"。⑦

对卢梭而言，民选贵族制是"最好和最自然的"政府形式。⑧在这种政体之下，少量的官员可以对国家的行动负责。再次追随孟德斯鸠的观点，卢梭主张，虽然贵族制可能"比平民政府要求的美德要少，但它包含着和自己相适宜的美德，那就是节制"。⑨通过节制和问责，民选贵族制在一人掌管行政机构的危险和纯粹民主的幻象之间，提供了政府的一种中间形式。

除了分析政府的正式原则之外，卢梭也关注罗马共和国中防止滥用行政权力的调解制度。例如，他赞同将护民官（tribunate）作为一个制度化的机制，来调解和防御政府的侵犯。正如卢梭所言："护民官是法律和立法权的保护者，它旨在保护主权免受政府侵害，并保持两者之间的平衡。"⑩

卢梭的政府制度概念源自共和传统，他对公民的理解同样受到古人启发。"罗马的公民"，他宣称，"既不是盖阿斯（Caius）也不是卢修斯（Lucius），而是一个罗马人（a Roman）"。⑪卢梭告诉我们，孤立的公民什么都不是，他们的力量和实力来自公共生活中的成员资格。在阐发对公民身份的上述理解时，卢梭区分了自我认同的三种不同观念。

首先，在他虚构的自然状态中，每一个人被"自爱"（amour de soi）驱动。这样一个"自然人"，卢梭写道，"每一个人都把自己看成是观察其自身的唯一的观察者，是宇宙中关心自己的唯一存在物，是自己才能的唯一评判人，因之，通过比较发现其缘由的那种感情，在他的心灵中萌芽是不可能的"。⑫基于自爱，这种个体的自然人拥有自我肯定的信念，它无法被关于他们才能的比较评判而破坏。他们在心理上是独立的，他们并不在乎别人对他们自我概念的看法。

在"自然人"模型中，自我概念既不受他与别人关系的影响，也不受别人对其意见的影响。与此不同，公民把自己认定为一个整体的不可分割的组成部分，"他们是谁"是由他们所在的国家性格决定的。事实上，卢梭认为，只有当个体"改变本性"（denatured），并把他的灵魂献给政治共同体时，他才能作为一个公民而存在。"总之，必须抽掉人类本身固有的力量，才能赋予他们以他们本身之外的，而且非靠别人帮助便无法运用的力量。"⑬在这方面，卢梭的公民必须为共同体的法律牺牲自己的本质，为政治共同体的神圣权利而放弃他们的自然情感。

　　和带有自然或公民身份印记的身份模型相反，卢梭建构出受"自尊"（amour propre）驱动的"社会的"个人形象。他在重要的方面借用了孟德斯鸠的狭隘之爱概念，即把个人利益放在比其他所有人的利益更前更高的位置。[14]然而，卢梭对自尊的分析不同于孟德斯鸠。孟德斯鸠主张，个人受荣誉原则所固有的偏好和优越感驱使，于是可以被导向为了公共利益而行动。相反，卢梭写道，"自尊心只是一种相对的、人为的，而且是在社会中产生的感情，它使每一个人重视自己甚于重视其他任何人，它促使人们彼此间作出种种的恶，它是荣耀心的真正根源"。[15]对荣耀的追求并非导向公共利益，而是导向自我疏离和社会统治。受自尊驱动，"荣誉"之人不是自己的唯一裁判员，而是"总是存在于自身之外，只知道如何生活在别人的意见里。可以这么说，他只从别人的判断中获得自己存在的感觉"。[16]

　　这种自负和体面的人依赖别人评判他们的自我概念，因此只有争取看起来比其他所有人优越，他们才能确认其自尊心。"自尊心不能包含也无法引起这种情绪，即喜爱自己胜于别人，同时也要求别人更喜爱自己，这是不可能的。"[17]对卢梭来说，荣誉之虚荣性所造成的心理悖论，演变成了统治和社会分层的动力。

　　事实上，他将社会不平等的起源归咎于自尊心。财产、财富和社会地位充当社会公认的美德的形式，个人可以借此判断自己的相对价值。由自尊心所引起的不安全感和依赖性驱使人们积聚社会商品以增强其自尊心，这就是现代社会条件下愈演愈烈的不平等的动力学原理。

与此相对应，卢梭认为，作为共和政体基础的社区团结（communal solidarity）原则和公民概念，能有助于减轻由自尊带来的不平等的负面影响。卢梭主张，将公民身份完全融入作为整体的共同体中，促使人们互相比较的那种特殊性和差异性终将会削弱。虽然这种削弱并不能防止自尊心在国家中产生，但它会降低特殊性、差异性与私人利益所激发的冲突。每个公民的个人利益将被直接认为等同于普遍的善（general good）或与之相联系。因此，一个人不会从别人的成就中感受到挫败——社会价值的零和博弈将不复存在。相反，所有的成就都会因为其为国家作出了贡献而得到礼敬。

除了强调社区团结之外，卢梭还强调集体自治对于公民保持自由的必要性。内在于人民主权概念的美德原则的基石，正是自由观念。自由就是在集体决定共同体的共同命运时，成为共同体主权的积极部分。因此，他将"道德的自由"定义为，"服从人们自己为自己所制定的法律"。[18]在他看来，公民应该直接参与制定那些法律，而作为臣民，他们需遵循这些法律。

当然，卢梭意识到，他的集体自治的自由概念，以及建立在社会团结原则基础上的人类身份观念，在现代也许已经一去不复返。卢梭没有自我欺骗，他知道，随着异质和复杂世界的出现，这个世界已经没有空间来支撑一个面对面的小型社会，在其间人们分享共同的历史、共同的传统习俗和共同的经验。集体自治和作为共同体一部分的自我概念，并不适合现代的社会结构和条件。在这一方面，他同意孟德斯鸠的观点，现代欧洲的社会制度和文化气质已经不再支持古典共和政体。然而，从这一分析中，两位思想家却得出了迥异的结论。

正如我们已经知道的，孟德斯鸠致力于寻找一种可以从制度上和文化上执行的行为的伦理原则。他认为，在荣誉原则的推动下，个人的野心可以升华并被重新引导来服务于公共利益。通过追求自己的特殊利益，每个人都能致力于全体的利益。但在卢梭那里，他将恋慕虚荣的野心与美德的堕落联系起来。他并没有在被他视为堕落的现代条件下去寻找一种可能实行的政体。他认为，在现代世界中，真正的美德和真正的人类自由都是不可能的。

注释

① Montesquieu, *Esprit des lois*, 252.
② Jean-Jacques Rousseau, *Du contrat social*, in *Oeuvres complètes*, ed. Michel Launay (Paris: Editions du Seuil, 1971), Tome 2, 544.
③ Jean-Jacques Rousseau, *Du contrat social*, in *Oeuvres complètes*, ed. Michel Launay (Paris: Editions du Seuil, 1971), Tome 2, 545.
④ Jean-Jacques Rousseau, *Du contrat social*, in *Oeuvres complètes*, ed. Michel

Launay（Paris：Editions du Seuil，1971），Tome 2，539.

⑤ Jean-Jacques Rousseau, *Du contrat social*, in *Oeuvres complètes*, ed. Michel Launay（Paris：Editions du Seuil，1971），Tome 2，546.

⑥ Jean-Jacques Rousseau, *Du contrat social*, in *Oeuvres complètes*, ed. Michel Launay（Paris：Editions du Seuil，1971），Tome 2，545.

⑦ Jean-Jacques Rousseau, *Du contrat social*, in *Oeuvres complètes*, ed. Michel Launay（Paris：Editions du Seuil，1971），Tome 2，544.

⑧ Jean-Jacques Rousseau, *Du contrat social*, in *Oeuvres complètes*, ed. Michel Launay（Paris：Editions du Seuil，1971），Tome 2，545.

⑨ Jean-Jacques Rousseau, *Du contrat social*, in *Oeuvres complètes*, ed. Michel Launay（Paris：Editions du Seuil，1971），Tome 2，546.

⑩ Jean-Jacques Rousseau, *Du contrat social*, in *Oeuvres complètes*, ed. Michel Launay（Paris：Editions du Seuil，1971），Tome 2，571.

⑪ Rousseau, *Emile*, in *Oeuvres complètes*, Tome 3，21.

⑫ Rousseau, *Discours sur l'inégalité*, in *Oeuvres complètes*, Tome 2，260.

⑬ Rousseau, *Contrat Social*, 531.

⑭ See Montesquieu, *Pensées*, in *Oeuvres complètes*, Tome 1，1273 – 1279.

⑮ Rousseau, *Discours sur l'inégalité*, 260.

⑯ Rousseau, *Discours sur l'inégalité*, 246.

⑰ Rousseau, *Emile*, 152.

⑱ Rousseau, *Contrat Social*, 524.

第三章　杰曼·斯戴尔的浪漫与批评

　　在法国大革命爆发的前一年，杰曼·斯戴尔（Germaine de Staël）出版了她关于卢梭的书信。在当时只有 22 岁的斯戴尔心目中，就已经有了一套浪漫的革命思想。正如乔治·普莱（Georges Poulet）所说，"……关于整个欧洲文学评论迸发与繁荣，我们能说的一切，仅仅是斯戴尔关于卢梭论著的早期序言"。①她就像卢梭，"通过热情来坚持劝说"，融"美德于激情之中"。②更重要的是，她发现这一追求美德的激情与自我反思交织在一起。斯戴尔声称，无论在卢梭的作品还是其生活中，"自我"一直是他思想的首要问题。对于卢梭而言，自我意识是灵魂升华的来源，也是其自身热情的所在，从中表达出他的令人倾倒的想象力、炽热的激情、纯真和孤独的绝望感情。

　　在后来的作品中，斯戴尔常常受到卢梭对自我的反思之影响，特别是她批评经验主义认识论的方法论前提，尽管她曾经在世纪之交时短暂地认可过这一前提。斯戴尔反对把对外部世界的感知当作知识的来源，转而认同卢梭关于内在的意识是存在之真正来源的观点。卢梭在《论人类不平等的起源和基础》（*Discours sur l'origine et les fondements de l'inégalité parmi les hommes*）中这样写道：

> 自然支配着一切动物，禽兽总是服从；人虽然也受到同样的支配，却认为自己有服从或反抗的自由。而人特别是因为他能意识到这种自由，因而才显示出他的精神的灵性。因为，物理学能够在某种意义上解释感官的机械作用和观念的形成，但是在人的意志力或者毋宁说选择力方面以及对于这种力的意识方面，我们只能发现一些纯精神性的活动，这些活动都不能用力学的规律来解释。[③]

和卢梭一样，斯戴尔把选择和意志的内在自由等同于人类精神的领域。相比之下，她不满意于这样的学说，即仅凭感觉来解释人类行为，把人类的能动性降低为仅受经验决定的力量支配的动机和意图。

更具体地说，她认为灵魂的精神性被法国经验主义的唯物论原则剥蚀了。根据经验主义的认识论，"外部对象是我们所有感知的媒介"。[④] 从表面上看，"没有什么比把我们自己交给物理世界看起来更合理的了"。[⑤] 但是，斯戴尔警告说，"内在的源泉逐渐枯竭，甚至想象力……持续退化到这种程度，那就是很快人类将无法长久地保持自己的灵魂，来享有物质世界提供的幸福"。⑥

这种学说聚焦于物质世界，倾向于反映被卢梭视为与自尊相联系的狭隘的自我利益，并将其正当化。斯戴尔告诉我们，孔狄亚克（Condillac）和爱尔维修（Helvétius）"极力鼓吹的建立在利益基础上的道德体系"，"与那种把我们的所有思想都归结于感觉的形而上学有着密切联系"。⑦"如果我们的灵魂中除了感觉留下的烙印外空无一物，那么我们在世上行动的真正持久动机，就只能是物理的力量和饕餮的乐趣。"⑧将我们本身与我们的内在感受和想法相分离之后，这种哲学随后把"我们的所有努力都指向我们的物质福利"。⑨它敦促我们"遵从此刻的自己，把一切游离于此岸世界快乐和俗务范围的事情都视为虚妄的"，在追求我们自身琐碎和平庸的利益中度过一生。⑩这样，以经验主义社会学思想为哲学基础，作为当时风气的"心灵的自私"就变得无可非议。

斯戴尔除了攻击经验主义的唯物论及其对利己主义的强调之外，她还指责经验主义忽视了人的行为和选择发生的社会背景。此外，根据经验主义信条，能够被真正认知（或认知的概率足够高）的唯一事物，就是通过观察可被测量与检验的事物。出于这样的原因，个体行为的集合中的可观察的规律性或一致性，构成了文化实践的知识的唯一标准。

与这一立场相对，斯戴尔认为，可观察的个体行为之集合，既不能为社会解释建立充分基础，也不能构成文化实践的充分说明。相反的，这种观点瓦解了在特定文化背景中的人类的自由行动，将其变成由可预知的静态规律规定的一套以经验为先决条件的行为。与法国社会学传统中的其他学者一道，斯戴尔越来越关心社会行动的条件——提及个人动机、意图和行为时，只有将它们置于其文化背景之中才有意义。[11]实际上，她对知识的社会背景的强调，构成了对方法论个人主义的首次真正的批评之一，这种方法论的个人主义即使在许多当代的政治文化研究中仍然存在。[12]

杰曼·斯戴尔将她的社会行动理论应用到经验主义本身。例如，她开始挖掘法国哲学文化（以孔狄亚克和爱尔维修为代表）和法国政治文化中行政集权的强化之间的联系。斯戴尔认为，理性化身于法律法规和行政组织，创造了一种制度环境，人们的行动越来越变成可预见的。但是，正如我们已经看到的，一项能够预测这种行为的科学并不能证明它能发现以经验支配的力量为基础的人类行为的刚性规律（hard laws）。相反，这种科学只不过反映了现代国家中增长的中央集权化与行政官僚化。同样，她研究了在什么样的特定经济与文化条件下，经验主义者所认可的利己主义动机会获得有效性。她认为，经验主义者的狭隘利己主义所反映和辩护的，正是发展中的商业社会中潜在的计算优势与效率原则。

最后，斯戴尔对法国增长的理性化和集权化的描绘，预言了马克斯·韦伯的祛魅世界里的"极夜"（polar night），在那里"不存在神秘且不可计算的力量"。[13]在法国，这种祛魅十分鲜明地体现在哲学信仰上，那就是在人类现实的物质边界之外，万物皆无意义。用斯戴尔的话来说，这个信仰就是"世界本无神秘之物……我们所有的观念都来自眼睛和耳朵，只有可感知的才是真实的"。[14]

相比之下，斯戴尔在德国哲学中找到了精神化的新来源。与法国的经验主义不同，浪漫主义哲学强调对自身内部源头的反思。在将这一运动归结为自我意识之后，斯戴尔以一首歌颂热情的诗歌作为她关于德国的著作的结尾。"热情倾注于普遍的和谐；它是美丽的爱情、灵魂的高度、自我牺牲的享受，所有这些，最终汇合成一种庄严和宁静的情感……热情意味着'我们之中的神'。当人的生命中激情充溢，"斯戴尔声称，"它就变得神圣"。[15]正如她对卢梭的描写，我们能够在作为自我反思和表达之对象的人类意识中，找到激情、美德和神性之终极来源的所在。

注释

① George Poulet, "La pensée critique de Madame de Staël," in *Madame de Staël et l'Europe*：*Colloque de Coppet*, ed. Jean de Pange（Paris：Klincksieck, 1970），27.

② Germaine de Staël, *Lettres sur les écrits et le caractère de J. -J. Rousseau*, in

Oeuvres complètes（Paris：Lefevre，1858），Tome 1，1.

③ Rousseau，*Discours sur l'inégalité*，218.

④ Germaine de Staël，*De l'allemagne*，ed. Jean de Pange（Paris：Hachette，1959），Tome 4，68.

⑤ Germaine de Staël，*De l'allemagne*，ed. Jean de Pange（Paris：Hachette，1959），Tome 4，68.

⑥ Germaine de Staël，*De l'allemagne*，ed. Jean de Pange（Paris：Hachette，1959），Tome 4，68.

⑦ Germaine de Staël，*De l'allemagne*，ed. Jean de Pange（Paris：Hachette，1959），Tome 4，69.

⑧ Germaine de Staël，*De l'allemagne*，ed. Jean de Pange（Paris：Hachette，1959），Tome 4，81.

⑨ Germaine de Staël，*De l'allemagne*，ed. Jean de Pange（Paris：Hachette，1959），Tome 4，82.

⑩ Germaine de Staël，*De l'allemagne*，ed. Jean de Pange（Paris：Hachette，1959），Tome 4，82.

⑪ 关于法国社会学传统的方法创新，请阅读 L. A. Siedentop，"Two Liberal Traditions，" in *The Idea of Freedom*，ed. Alan Ryan（Oxford：Oxford University Press，1979），esp. 155 – 156。

⑫ 如需了解派伊对方法论个人主义这一问题的认识，请阅读他的 "Culture and Political Science：Problems in the Evaluation of the Concept of Political Culture，" *Social Science Quarterly*，53（September 1972）：285 – 296. 以及本书第三部分。

⑬ Max Weber，"Vom Inneren Beruf zur Wissenschaft，" in *Max Weber：Soziologie，Weltgeschichtliche Analysen，Politik*，ed. Johannes Winkelmann（Stuttgart：Alfred Kröner，1964），317.

⑭ de Staël，*De l'allemagne*，Tome 4，77.

⑮ de Staël，*De l'allemagne*，Tome 5，188.

第四章　本杰明·贡斯当对现代
自由主义的辩护

　　德国浪漫主义哲学传播到法国，很大程度上由于杰曼·斯戴尔的努力。她对浪漫主义的热情深远地影响了法国社会理论的一大批重要人物。在他们当中首推本杰明·贡斯当。1795 年，贡斯当和斯戴尔开始了热烈且公开的恋情，这一段关系最终以不快的结局告终。他们的关系结束很久之后，贡斯当的作品中仍然可以发现斯戴尔影响的痕迹。在她的影响下，贡斯当也对德国进行的文学与哲学革命开始着迷。

　　贡斯当特别强调人们按照自己的意愿，通过个人的自我表现能力来塑造和确定自己的生活。与浪漫主义一样，贡斯当认为自我创造、决定和表达的源泉在意识的内在领域之中。他认为，一个人想要自由地表达自己，他就必须在没有别人干涉的情况下自由决定自己的生死。通过这种方式，他根据自我的浪漫主义概念，为以现代"自由"的方式理解自由奠定了基础。

贡斯当坚持认为，现代自由必须通过一部维护个人权利的《宪法》来保护，而在其他一切方面，政治制度在人们的生活中只应该发挥有限的作用。与浪漫主义思想家威廉·冯·洪堡一样，他认为，捍卫个人自由的自我表达特点的最好办法，是确保政府权力和政治制度不干涉人民的生活。

作为现代精神的积极倡导者，贡斯当强烈指责那些将眼光投回到古代共和传统的怀旧者。在所有效仿古人美德的人当中，贡斯当将注意力集中在卢梭身上。他认为，将适用于古人的社会条件运用到当今时代，卢梭"服从我们自己制定的法律"的古代自由观，可能只会证明暴政的正当性。

贡斯当的观点基于两个基本的社会学主张。首先，他追随孟德斯鸠，声称伦理观念和政治选择受限于社会条件和制度的历史发展。然而，贡斯当并没有更多地将社会结构和文化习俗的差异与共和制和君主制政体结构之间的差异联系起来，而是将这些差异归因于古代和现代迥异的精神。换句话说，贡斯当认为，社会和文化条件限制了与特定历史时代相适应的政治选择和道德标准。①

综观他的著作，贡斯当最关注的就是界定和证明与古代和现代社会条件相符合的两个"自由"[1]的伦理概念。具体提到卢梭时，贡斯当声称，《社会契约论》中的道德自由概念包含了许多古代政治自由的主题，这不仅仅是一个巧

---

〔1〕　原文在这里用"liberty and freedom"，在中文里都译为"自由"。——译者注

合。在贡斯当眼中，古代的自由包括：

> 以集体的方式直接行使完整主权的若干部分，诸如
> 在广场讨论战争与和平问题，缔结对外盟约，投票表决
> 法律，作出判决，审查执政官的财务、行为及管理，宣
> 召执政官出席人民的集会，对其进行指控、谴责或豁
> 免。这就是古代人所谓的自由……个人对整体权威的完
> 全服从。[②]

贡斯当认为能够为古代政治自由提供制度支持的城邦，
包括以下社会条件：①城邦的规模造就了一个小型的面对面
的共同体；②能够提供共享价值和期望之传统的共同体的同
质性；③基于战争和奴隶制的古代生活的政治经济；④由简
单的劳动分工和公民之间相对平等的财产分配构成的社会秩
序；⑤建立在绝对统治权概念基础上的公共生活的政治
组织。

与古代城邦社会组织内的古代自由概念相反，贡斯当界
定了适用于现代社会条件下的自由概念。在他看来，"个人
自由才是真正的现代自由"。[③]其前提是宣称"生活中有一部
分，必须保持其私人性与独立，它正当地处于社会的权限之
外"。[④]他认为，现代社会的个人"拥有独立于所有社会或政
治权威的权利。这些权利包括人身、思想、信仰、财产和反
抗任性权力的自由"。[⑤]根据贡斯当的观点，建立在这些权利

基础上的个人自由概念，与发展的商业经济，有限主权的政治组织支撑的大规模的异质且复杂的现代社会条件相适应。事实上，贡斯当认为，在这些现代条件下，能够从制度上实现的自由概念只有个人自由。

基于其社会学分析，贡斯当总结道，古代人和现代人的政治选择和道德标准的范围，受其规模、复杂性、结构和社会目标上的差异的限制。出于这个原因，他声称古代自由已不再适合现代社会的组织结构。而且，贡斯当推进了自己的分析，他在自己的作品中自始至终都警告我们在现代社会模仿古代自由的危险性。"在牺牲个人的独立性方面"，他说，"古代人牺牲得较少但获得的更多，但如果我们模仿古代社会，则会牺牲得更多而获得的更少"。⑥模仿古代人，我们就会牺牲自身的个人自由，并发现自己屈服于政治暴政。因此，"……古代严峻的共和主义自然地造成的重大牺牲，（在我们时代）将变成一种借口，释放出自私自利的激情"和暴政。⑦

在《僭主的精神》（*De l'esprit de l'usurpation*）中，贡斯当认为，一切形式的专制主义的基本原则都是任性的政治权力。⑧在现代社会，任性的政治权力的特点是"无限的主权"，也就是说，主权观念不承认它无法对其进行控制或废除的基本个人权利的存在。在他看来，绝对和无限的主权形式是专制主义的基础，无论它是"以一个人还是所有人的名义行使"。⑨

从这个角度来看，卢梭的政治社会肯定被认为是"专制的"，因为它没有提供对个人权利和自由的制度保障。用贡斯当的话来说，卢梭"混淆了自由与权力"，⑩他犯了"那些真诚热爱自由的人把无限权力赋予主权人民的错误"。⑪

卢梭没有认识到，绝对政治权力即使掌握在全体公民手中，也是绝对的和专制的。主权只能是有限的和相对的。个人独立和生活一旦确立，无限的权力就应当停止。如果社会超越了这一点，便是像专制一样罪恶，其罪名便是"破坏者之剑"。⑫

出于这一原因，贡斯当声称，以古代自由的名义，基于无限主权概念的卢梭哲学，可以为现代专制辩护。

关注自孟德斯鸠以来专制概念的变化是件趣事。回想一下，孟德斯鸠将专制定义为由一个人的任性和绝对权力来统治的政体。与此相反，卢梭将任何超越、否认或限制人民主权的政体之"专断的权力"界定为专制。他宣称，如果公民不能通过直接参与立法以掌握权力来决定其集体命运，这种公民就是生活在专制之下，"不管统治者是一个人、少数人还是多数人"。这样，卢梭把对作为国家权力之基础的主权合法性之基本原则的任何破坏，都定义成专制的。

贡斯当也将专制定义为违背合法性原则的专断权力。但是，贡斯当的合法性取决于保障个人自由和权利必需的对政府的适当限制。运用合法性的这一观念，卢梭的国家中的个人都将毫无例外地被剥夺自由。在政治上，国家将迫使其公民选择公共服务的唯一方式；在社会上，它的臣民将无法得到能够追求自己目标而免于干涉的有保障的领域。

此外，贡斯当区别了专制与僭主（usurpation）。他认为，僭主要侵入个人内心的良知，而专制只约束个人活动的外在形式。"简言之，专制的统治手段是使人们沉默，但允许人们仍然有所保留。僭主则是迫使人们说话，它追击到人们的思想圣殿，并迫使他对自己的良心说谎，剥夺他在被压迫状态下的唯一安慰。"⑬因此，为了确保自身的权利，僭主"伪造自由"，而专制"只要求服从"。⑭

对贡斯当来说，卢梭的主权观念是基于一种心理僭政，要求每一个个体表现整个共同体的意志。卢梭的公民秩序僭取了公民的良知，并阻碍了公民自由的自我发展。贡斯当声称，在这种公民团结的模型中，每个人决定、探索，以及表达自身独特品质、行为和追求的个人愿望，将让位于政治体的唯一意志。

贡斯当通过分析得出这样的结论：卢梭的《社会契约论》所能做的，只是为现代的专制和僭主制造借口。只要人民不要求他们的个人自由，就能够证明允许人民主权存在的暴政是正当的。但反过来，卢梭也会认为贡斯当的自由主义概念既支持了一种专制，让现代人放弃自身权利来规范其政治生活，也支持了一种暴政，其间人们只要不要求道德自由——服从自己制定的法律，他们就能保障其个人自由。

此时，古代人和现代人之间似乎出现了僵局。但是，贡斯当在著名的皇家中学（Athenée Royal）的演讲末尾表达了这种希望，即希望法国可以同时实现现代的个人自由和古代的政治自由。"远不是放弃我向你们描述的两种自由的任何一种。"他告诉他的听众（包括共和主义者和君主主义者）：

> 学习如何把二者结合起来是很有必要的。假如立法者仅仅给人民带来和平，其工作是不完全的。即使当人民感到满意时，仍有许多未竟之业。制度必须实现公民的道德教育。一方面，制度必须尊重公民的个人权利，保障他们的独立，避免干扰他们的工作；另一方面，制度又必须尊重公民影响公共事务的神圣权利，号召公民以决定和投票的方式参与行使权力，赋予他们表达意见的权利，并由此实行控制与监督的权利。这样，通过履行这些崇高职责的熏陶，公民会既有欲望又有能力来履行这些权利。[15]

以政治自由和个人自由的名义，贡斯当始终如一地赞同代表制度，不考虑政体结构如何。"对政府部门施加一定的影响力是每个人的权利，不论是通过选举全部或特定的官

员，还是通过代表、上诉、请愿来迫使当局或多或少地对其
要求有所考虑。"⑯

当然，深受卢梭影响的共和主义者很难同意贡斯当结合
古代自由和现代自由的主张。对他们而言，公民必须直接参
与立法以实现他们的自由。另一方面，代表制则会把执行法
律的工作和对社会事务的处理留给代表来做。卢梭将代表制
思想与商业利益的发展联系起来，它会导致个人将其私人事
务的重要性凌驾于公共事务之上。在市场上，个人可以自由
地追求自己的特殊愿望和利益，以非常奢侈的代价购买他们
的自由，而不用顾及责任、公共义务和服务公民团体等美
德。卢梭或许会认为，在代议制度下的个人可能会赢得现代
自由，但他们必将失去源于符合美德原则的行动的真正
幸福。

然而对贡斯当来说，普选权可以起到保护和促进在公民
的权利和自由的实践中形成的现代美德的积极作用。它将有
益于确保对政府的适当限制。无论是君主制、贵族制，还是
由人民自己管理的统治形式，上述代表权都是个人自由的重
要元素。通过这种方式，他认为，政治自由的益处能够以现
代自由之名得到保护。

贡斯当或许尚未解决古今之争，而像基佐这样的思想家
又在主权和代表制问题上同时抨击共和主义者与自由主义
者。经常站在共和主义者一边对抗政府保守势力的贡斯当，
通常支持下议院左翼的要求。在其对立面，激进保皇党人无

限留恋他们曾享有实在权力的古代制度（ancien régime），留恋那美好的旧时光。从复辟王朝到 1848 年革命，基佐试图在这些对立势力之间开辟出一个中间地带。

注释

① 关于这一点，请阅读 Siedentop, "Two Liberal Traditions," 169 – 174, and Stephen Holmes, "Aristippus in and out of Athens," *American Political Science Review*, 73（March 1979）：113 – 129。

② Benjamin Constant, "De la liberté des anciens comparée a celle des modernes," in *De la liberté chez les Modernes*（Paris：Pluriel, 1980）, 495.（All quotations from Constant are from works contained in this volume.）

③ Benjamin Constant, "De la liberté des anciens comparée a celle des modernes," in *De la liberté chez les Modernes*（Paris：Pluriel, 1980）, 509.

④ Constant, *Principes de politique*, 271.

⑤ Constant, *Principes de politique*, 275.

⑥ Constant, "De la liberté des ancients," 502.

⑦ Constant, "De l'usurpation", 194.

⑧ Constant, "De l'usurpation", 197.

⑨ Constant, "De l'usurpation", 202.

⑩ Constant, "De l'usurpation", 188.

⑪ Constant, "De l'usurpation", 199.

⑫ Constant, *Principes de politique*, 272.

⑬ Constant, "De l'usurpation", 172.

⑭ Constant, "De l'usurpation", 174.

⑮ Constant, "De la liberté des ancients," 514 – 515.

⑯ Constant, "De la liberté des ancients," 495.

第五章　弗朗索瓦·基佐论政治文化的政治

弗朗索瓦·基佐（François Guizot）既是个活跃的政客，也是一位著名学者。作为当时公认的历史学界翘楚，在波旁王朝统治的 30 余年纷扰历史中，基佐始终居于政府部门要职；作为内阁大臣，他常常参考"社会条件"和习俗（les moeurs）概念来制定公共政策和捍卫自身政治立场。在这方面，基佐的引人注目之处就是将政治文化概念本身运用于实际政治中。

基佐在公共生活中的两个重要插曲有助于说明上述问题，这两件事均涉及关于《法国宪章》中选举法改革的争议。起初，在 1817 年 2 月初的辩论中，基佐支持"空论派"（les Doctrinaires）的温和政府所宣布的改革政策。他反对右翼的"极端保皇派"（ultra-Royalists），认为一场不可逆转的社会变革在法国已经发生，这一变革需要选举法的渐进改革。基佐认为，法律不能扭转法国已经显现出来的变革，这

种变革在法国政治文化中，在普遍习俗（les moeurs）的嬗
变中，特别是自 1789 年革命以来法兰西民族政治期望的变
化中显现出来。然而，在 1848 年 2 月最初的那些日子里，
基佐支持禁止宴会运动（les banquets）的法令。这是一场表
达对普选权越发强烈的期待的议会外改革运动，这一事件不
仅让基佐下台，也导致了路易·菲利普（Louis Philippe）的
退位。

正如基佐在其《回忆录》（*Memoirs*）中所记述的，这一
切都开始于 1817 年 2 月 5 日。在 1817 年《选举法》通过之
前，1816 年《宪章》中对选举公职官员的选民资格的解释
引发了全国的论争。根据宪章第四十条的规定，"直接捐纳
300 法郎并且年满三十岁的选举人，才享有参与选举议员
（deputies）的权利"。[①]理解的分歧集中在这一问题，即无论
经济状况如何，是否所有人都有权投票选举选举人，再由选
举人选举议员进入议会（chamber）。换句话说，与美国选举
人团制度类似，这里的问题在于选举议员的选举人自身是否
由普选产生。

基佐回忆道，"我参与起草了 1817 年 2 月 5 日的法案。
它在当时提出了对这一重要问题的解决方案"。[②]由于革命恐
怖（revolutionary terror）事件的存在，以及拿破仑仍在试图
二次复辟（second restoration），基佐对于普选权的诉求始终
抱有深深的怀疑。因此，"为了避开曾经的暴力和谬误"，
必须对法国的革命精神予以宪法的约束。[③]1817 年法案的原

意正在于此。它尝试"将政治权力变为具有明智和独立特征的，以自然的地域为基础的统治，通过社会秩序的保守利益以保障这些利益的持有者。同时，通过在全国范围内直接选举议员，来确保能够对政府产生自由而有力的影响"。④为了实现其目标，1817 年选举制度的设计者最初将政治权力限制在 14 万名选举者手中。

为了捍卫自己的立场，基佐着手阐述来自其政治文化分析的论点。他宣称，"如果真的希望得到一个自由的政府，我们就必须在 2 月 5 日的法律原则和普选权之间作出选择——是将选举权集中在社会的上层还是将投票权扩展到普通民众"。⑤"哪个是首选？"对于基佐来说，这是一个关于"时代、形势、文明程度，以及政府形式"的问题。⑥换句话说，这是一个政治文化问题，一个探讨在当时的社会和政治条件下，什么制度才是最佳选择的问题。

基佐反对左翼的共和主义者，他认为，"普选制很好地适应了共和制社会，无论它是小型的抑或联邦制的，新生的抑或在政治经验上很成熟的"。然而，"将投票权只限于那些被假定为具有自律、独立和明智品质的较高社会地位的人，则更适用于大型的单一制君主政体国家"。⑦针对右派的极端保皇派，他则坚持法律必须随着时代进行改革。基佐认为在他自己所处的时代，选举权利的中心（但不是对它的垄断）应该是中产阶级而非贵族（或与此相关的人）。实际上，在他的心目中，中产阶级能够通过调节"上层"和

"下层"阶级为君主制政权提供稳定性。这样的调节可以防止权力侵蚀的卷土重来，避免重蹈旧贵族或革命者支配下的滥用权力的覆辙。在选举制度论战期间，以及从 1814 年直到 1848 年，基佐始终享有他所称之为的"中产阶级旗手"的荣誉，这面旗帜"天然属于他自己"。⑧

与他对中产阶级的维护一致，基佐的政纲也力图在"左"与"右"政治两极之间找到一个中间位置。在这一方面，他的反对者的立场界定了他采纳的中间立场。这一点同样适用于空论派（doctrinaire）。空论派是一个在下议院内部形成的团体，他们在选举辩论（1816～1820 年）中成为多数。作为政府的一员，基佐坚决与"居中的政府"结盟。虽然空论派人士并非都支持中产阶级，但他们设法寻找右翼极端保皇派和左翼革命者之间的平衡立场。

对基佐来说，"空论派的特殊之处及其重要性的真正来源"是"他们坚持反对革命的原则"、节制的态度、依法捍卫人类的权利，以及议会改革的原则。⑨与基佐类似，他们既不倾向于授予民众额外的普选权，也不愿意接受激进保守派的反动立法。在反对两种政治极端中产生的"空论派"，就其本质而言，形成了一个脆弱的联合。他们渴望拓出一个同时忠于国王与宪政政府的中间地带，但也因此受到左派和右派的夹击。

在他们左边不仅有共和主义者，还有像本杰明·贡斯当这样提倡普选权的自由主义者，而在其右侧，则有夏多布里

昂（Chateaubriand）之流，无论是否真诚，都呼吁回归旧制
度（ancien régime）的特权和道德环境。针对右侧的敌人，
空论派认为法国的社会条件已经发生如此深刻的变化，因而
他们试图利用国家立法手段强行返回旧制度是一个危险的错
误。基佐本人则认为，极端保皇派与其说真心希望返回革命
前的状况，还不如说更热衷于确立起或重申自己的政治权力
和特权。

　　另一方面，基佐和空论派都提醒左翼在制定政策时不要
忽视了以往的智慧和社会变迁的渐进特征。就如立法不能恢
复过去的时代一样，它也不应该将违背法国现行社会条件和
习俗的政策强加给这个国家。

　　综观基佐的政治观点，他始终相信立法很难有力量对抗
民众习俗的嬗变。具有讽刺意味的是，在1848年2月发生
的事件当中，基佐却似乎忽略了自己的忠告。1847年，政
府中的左翼和右翼反对派重新发起了对选举改革的攻击，也
连同攻击了关于出版审查和集会权利的政府行为。然而，这
次他们决定集体（en masse）诉诸国民议会（Chamber of
Deputies）之外的大众。在反对派领导人的组织下，被称为
议会外改革运动的"宴会运动"（campaigne des banquets）
为批评政府政策提供了一个公共论坛。

　　这一宴会运动开始于1847年7月9日的巴黎，在之后
六个月中遍布整个法国。由于对左翼反对者已经煽起过分的
革命热情感到恐惧，1848年2月21日，基佐和其他内阁成

员在内政部商讨政府对策，他们一致决议禁止即将举行的宴会。2月22日，警察当局发布命令，警告集会的企图将被视为危害公共秩序与法律。基佐回忆说，"很少有人不知道次日在外交部酒店（Hotel of Foreign Affairs）门前大道上爆发的事件"。[10]一名国民警卫队的成员向人群开枪，两天后，基佐和路易·菲力普就都下台了。

直到最后，基佐还为其禁止宴会的行动进行辩护。在其《回忆录》的结尾，他为自己做出了辩护。因为人们指控基佐，"处处为中产阶级的愿望和优势辩护"，但就普选权和政治自由而言，他却没有做任何事来"满足人民的愿望和推动人民权利的进步"。[11]"我相信且至今仍然深信"，他辩护道，"1789年的原则和行动已经将重要的改革引入了公民社会，一场社会革命已经完成。尽管作为战利品的政治自由依然是不完善和不稳定的，但我们已经赢得了自由与公民平等的权利"。[12]导致1848年革命事件的原因，并非是缺乏对这一关键问题的改革关注，而是类似于国民警卫队无意中向人群射击的偶然因素，其原因可以被解释为一系列意外和个人阴谋。

1849年，在反省法国"盛行的邪恶"时，基佐声称真正的"麻烦之源"实际上"隐藏在一个词之下——民主……致命的观念不断激发和煽动我们之间的社会战争！这种观念必须被根除，因为社会的和平取决于根除民主，而只有社会和平可以确保自由、安全、繁荣和尊严，全部物质和精神的好处"。⑬

　　在基佐最杰出的学生托克维尔看来，基佐并没有意识到 1789 年社会革命的深刻性。不论好坏，托克维尔都接受了民主的社会条件是法国未来政治前景的一个持久特征，而不是试图通过政府法令铲除民主情绪。他声称，民主是注定的。"坚信通过仅仅一代人的努力，就能够阻挡一场即将到来的如此长时间的社会运动，难道会是明智的吗？难道有谁真的会认为在摧毁了封建主义和制服国王之后，民主会在中产阶级和富人面前退缩吗？"⑭正如基佐曾警告极端保皇派试图通过立法来对抗人民习俗是徒劳和危险的一样，托克维尔也对那些企图通过官方命令来铲除民主的人发出了相同的警告。

注释

① Quoted by François Guizot in *Mémoires pour servir a l'histoire de mon temps* (Paris: Michel Levy Freres, 1858), Tome 1, 164.

② Quoted by François Guizot in *Mémoires pour servir a l'histoire de mon temps* (Paris: Michel Levy Freres, 1858), Tome 1, 165.

③ Quoted by François Guizot in *Mémoires pour servir a l'histoire de mon temps* (Paris: Michel Levy Freres, 1858), Tome 1, 166.

④ Quoted by François Guizot in *Mémoires pour servir a l'histoire de mon temps* (Paris: Michel Levy Freres, 1858), Tome 1, 165.

⑤ Quoted by François Guizot in *Mémoires pour servir a l'histoire de mon temps* (Paris: Michel Levy Freres, 1858), Tome 1, 215.

⑥ Quoted by François Guizot in *Mémoires pour servir a l'histoire de mon temps* (Paris: Michel Levy Freres, 1858), Tome 1, 215.

⑦ Quoted by François Guizot in *Mémoires pour servir a l'histoire de mon temps* (Paris: Michel Levy Freres, 1858), Tome 1, 215.

⑧ Quoted by François Guizot in *Mémoires pour servir a l'histoire de mon temps* (Paris: Michel Levy Freres, 1858), Tome 1, 68.

⑨ Quoted by François Guizot in *Mémoires pour servir a l'histoire de mon temps* (Paris: Michel Levy Freres, 1858), Tome 1, 158 – 159.

⑩ Quoted by François Guizot in *Mémoires pour servir a l'histoire de mon temps* (Paris: Michel Levy Freres, 1858), Tome 8: 591.

⑪ Quoted by François Guizot in *Mémoires pour servir a l'histoire de mon temps* (Paris: Michel Levy Freres, 1858), Tome 8, 539.

⑫ Quoted by François Guizot in *Mémoires pour servir a l'histoire de mon temps* (Paris: Michel Levy Freres, 1858), Tome 8, 540.

⑬ François Guizot, *Democracy in France* (New York: Howard Fertig, 1974), 2 – 3 [reprint].

⑭ Alexis de Tocqueville, *De la Democratie en Amerique* (Paris: Librairie de Medicis, 1951), Tome 1, 6.

第六章　托克维尔关于民主的新科学

　　托克维尔告诫道，"我们置身于急流中，挣扎着盯住岸上依稀可见的残垣破壁，但惊涛又把我们卷了回来，推向深渊"。①这些话对所有那些不愿意接受法国重大社会革命的人提出了警告。与其尝试挫败那些被他视为现代社会的"天意所属的现实"，托克维尔主张"领导社会的人肩负的首要任务是培育民主。如有可能，唤起民主的信仰，纯化民主的风尚，规范民主的运动……改革政府使其适应时代和地点的需要，并根据环境和人的要求对其进行调整"。②面对这一挑战，他宣称，"一个全新的社会，要有一门新的政治科学"。③

　　这个世界以法国大革命为开端，但它的鲜明特征则是由与政治事件相伴随的社会革命所赋予的。自从 1789 年以来，法国从基于不平等权利的封建等级制度的社会，转变成以基本权利平等为基础的日益平等的社会。在分析这种转型的社会影响时，托克维尔使用了空论派（Doctrinaire）的大量思想。对空论派思想家来说，中心问题是明确的，尽管通过作为国王与民众间调和力量的贵族社会等级制度使得权力与权威已经变得地方化，但社会革命却扫清了这种保证社会与政治稳定性的传统力量。④

例如，一位当时的伟大演说家、空论派杰出成员鲁瓦耶－科拉尔（Royer-Collard）抓住了这一问题的要害。随着封建秩序的消亡，以及随后法国强大的贵族制的调和地位的丧失，他说道，个人开始从他们传统的社会纽带中日益剥离出去，他们在传统社会中的角色也被置换。他开始用"原子化"来形容这一现象。托克维尔美国之行的十年之前，鲁瓦耶－科拉尔就发出了警告：

> 正是从原子化的社会中，集权才会浮现，没有必要从他处找寻其源头。集权并不是带着某一原则的权威昂首驾临，相反，它是作为一种结果、一种必需品缓慢发展起来的。的确，在只有个体存在的地方，除了个人事务就是必需的公共事务、国家的事务。哪里不存在独立的长官，哪里就只会存在中央权力的代理人。就是这样，我们成为了被管理者，任凭不负责任的官员摆布，而他们自己则被他们所掌握的权力集中起来。⑤

鲁瓦耶－科拉尔认为，行政集权不可避免地与社会原子化的发展相联系。随着封建主义的衰落，以及路易十四发起

并由大革命承继的中央集权的增强，贵族阶级便无法继续扮
演中央政府与民众之间的中介角色。在后革命社会中，什么
是中央与边缘之间权力和控制权的合理分配？如何在新的社
会中减轻集权与原子化的影响？正如鲁瓦耶－科拉尔开始逐
渐领悟的，这些成为 19 世纪 20 年代法国所面对的首要政治
问题。在他的影响下，它们也成为托克维尔在 1832 年的美
国之行中最终寻得其解决之道的问题。

　　与有着封建历史的社会不同，美国的社会和政治结构在
历史上并不存在等级制。托克维尔在美国的发现"超越了美
国本身"，他发现了"民主本身的形象，还有它的倾向、特
性、偏见和激情"。⑥这一民主形象根据"身份平等"而塑
造。不仅仅是这一社会结构类型正式否定了等级制的合法
性，而且身份平等实际上也塑造了民主之人对生活的基本取
向。这一关于平等的基本取向与正式的原则相辅相成，甚至
远远超过了正式的原则。"这一个惊人的事实"，托克维尔
告诉我们，指导着民主社会的全过程。"其影响远远大于政
治习俗（moeurs）和法律，而且它对政府的约制作用绝不亚
于对公民社会的这种作用。它制造舆论、激发民族的情感、
移风易俗，而且在改变非它所产生的一切。"⑦

　　在身份平等的影响下，托克维尔分析了集权化与原子化
的问题。他首先区分两种形式的集权化。"诸如全国性法律
的制定和对外关系问题，是与全国各地都有利害关系的。"
这些任务合法地由统一的联邦（全国性）政府的中央机构

处理。然而，"另外一些事情，比如地方的企业，则与国内某一地区的特殊利益相关"。⑧为了集中控制这些地方事务，便建立了行政集权。而对这种行政的力量，托克维尔警告说，"只会使它治下的人民萎靡不振，因为它在不断地消磨他们的公民精神"。⑨

在行政集权加强和随之而来的公共精神的损失中，个人倾向于撤回到自己的生活。在相互隔离和孤独之中，他们的兴趣和关怀开始围绕着自己和自己最亲近的家人朋友。托克维尔将这种形式的原子化诊断为"个人主义"。不同于纯粹的利己主义或自尊（amour propre），"个人主义"，他写道，"是一种只顾自己而又心安理得的情感，它使每个公民同其同胞大众隔离，退缩到亲属和朋友的圈子中。因此，当每个公民各自建立了自己的小社会后，他们就不管大社会而任其自行发展了"。⑩

个人主义和行政集权的结合，为一种特别适合于民主的专制主义的发展创造了条件。虽然就像孟德斯鸠定义的，这种专制与集权化相关联，但它不是孟德斯鸠所理解的任性的统治者的专制。此外，虽然它也导致了人类自由的损失，但这也不是卢梭或贡斯当所描述的暴政。相反，追随鲁瓦耶－科拉尔和基佐的传统，托克维尔开始讲述源自行政集权和个人主义与原子化相结合而产生的一种专制类型。

在描述他所谓的"现代民主"或"温和"的专制主义时，托克维尔设想了这种新型的暴政。在《论美国的民主》（*Democratie en Amerique*）最后，他写道：

将出现无数的相同而平等的人，整天为追逐他们心中所想的小小的庸俗享乐而奔波。他们每个人都离群索居，对他人的命运漠不关心。在他们看来，他们的子女和亲友就是整个人类。至于其他同类，即使站在他们的身旁，他们也不屑一顾。他们虽与这些人接触，但并不以为有这些人存在。每个人都独自生存，并且只是为了自己而生存。如果说他们还有一个家庭，那么他们至少已经不再有祖国了。在这样的一群人之上，耸立着一个只负责保证他们的享乐和照顾他们一生的权力极大的监护性当局。这个当局的权威是绝对的，无微不至的，有条理的，有远见的，而且是十分和善的。如果说它是一种父权，以教导人如何长大成人为目的，那它最像父权不过了。但它并非如此，而只是试图把人永远当成孩子。它喜欢公民们享乐，而且认为只要设法享乐就可以了。它愿意为公民造福，但它要充当公民幸福的唯一代理人和裁判人。它可以使公民安全，预见并保证公民的需要，为公民的娱乐提供方便，指挥公民的主要活动，领导公民的工商业，规定公民的遗产继承，分配公民的遗产。它不是应该完全让公民免于开动脑筋和操劳生计吗？⑪

针对这一景象，托克维尔研究了可能减轻民主专制主义（democratic despotism）之影响的习俗和制度。在关键方面，他认为，联邦宪法、权利法案、自由的出版和司法机构会有助于保护公民自由和个人权利。但这些制度性权利是远远不够的。托克维尔声称，在自由的所有形式中，并不是由宪法保障的正式权利，而是乡镇自由（Communal Liberty）似乎"直接出于上帝之手"。⑫他把这一自由精神追溯到了美国志愿团体，特别是新英格兰的乡镇制度。美国人民对地方事务的参与培育了自由政府的习惯。"地方社区确实是自由人民的力量所在"，托克维尔写道，"乡镇组织之于自由，犹如小学之于科学。乡镇组织将自由带给人民，使人民体验自由和运用自由。在没有乡镇组织的条件下，一个国家虽然可以建立一个自由的政府，但它没有自由的精神。"⑬

公民直接参与决定他们的地方事务，为行政集权的发展设置了关键性的障碍。然而，这样的乡镇自由在制度上是脆弱的。虽然必须用法律来维持它，但只有自由的习俗可以维持它。"全靠自身维持的乡镇组织，绝对斗不过强大且野心勃勃的政府。为了进行有效的防御，乡镇自由的习俗必须全力发展，使之成为全国人民的思想和习惯。因此，只要乡镇自由还未成为习俗，它就易于被摧毁。"⑭

与众多的法国传统一样，托克维尔不仅将习俗定义为"心灵的习性"，而且考虑到了塑造心理习惯和社会实践的所有不同观念、意见和思想。所谓习俗，他的意思无非是"一个民族的全部道德和智力状态"。⑮当将其运用到乡镇自由的习俗中时，他认为，一个民主民族的全部道德和智力状态必须致力于地方自治精神。他们必须小心翼翼地保护自己的独立性，以对抗国家的中央政权对他们造成的任何侵犯。

除了保卫乡镇自由之外，托克维尔认为，这些习性也充当着防止民主滑向个人主义和原子化的平衡器。通过与他人共同参与，公民们开始在与他人的联系中而非在与他人的隔绝中认识自己。他还认为，公共参与在教育公民们保卫自身个人权利和公民自由方面发挥着重要的道德作用。因而个人自由的宪法保障与积极的地方公民之间的联合力量，就成为了美国自由民主政体中相互促进的因素。它们共同构成了抵制现代专制主义力量的最佳堡垒。

然而，在见证了个人自由和政治自由相互结合的可能性之后，托克维尔在自己生命的晚期，对民主在奴役和自由、智慧和无知、繁荣和不幸之间的最终选择越来越感到焦虑。他在 1832 年发出了这样的警告，由于被历史的力量裹挟，那些"望着岸上依稀可见的残垣破壁"的人，只能引导法国滑向深渊。与之相对，托克维尔将注意力集中于探索在命中注定的平等条件下，能够为法国的未来带来最好希望的自由民主政体。他在 1851 年初描绘了自己一直在找寻的未来前景："我不知道也说不出这漫长的航行何时结束。我对将迷雾错当成堤岸感到厌倦，我常常怀疑我们一直在寻找的稳固陆地是否实际存在，抑或我们的使命根本就不是去与大海永恒地战斗！"[16]

托克维尔的新政治科学关注身份平等条件下的自由民主

政体的问题和前景，同时他也明显借鉴了法国社会学传统中前辈们的观点。与基佐和鲁瓦耶－科拉尔类似，他通过民主新世界的视角研究了集权化和原子化的危害性。他像贡斯当那样捍卫现代的自由，也像卢梭那样珍视公共自由的美德。和斯戴尔一道，他强调了行动的社会条件、意义的文化背景。但最重要的是，通过跟随孟德斯鸠的脚步，托克维尔成了法国传统中研究政治文化的最杰出学者。在美国期间，他研究了气候、宗教、法律、政府准则、习俗和民情。从这些因素的结合中，他描述了一种新民主时代的普遍精神。

注释

① Alexis de Tocqueville, *De la Democratie en Amerique* (Paris: Librairie de Medicis, 1951), Tome 1, 7.

② Alexis de Tocqueville, *De la Democratie en Amerique* (Paris: Librairie de Medicis, 1951), Tome 1, 7.

③ Alexis de Tocqueville, *De la Democratie en Amerique* (Paris: Librairie de Medicis, 1951), Tome 1, 7.

④ 这种"空论派"的主题在托克维尔的分析中显而易见。请阅读 *The Old Regime and the French Revolution*, trans. Stuart Gilbert (New York: Doubleday & Co., 1955).

⑤ "De la liberté de la presse," *Discours*, January 2, 1822 quoted by Siedentop, "Two Liberal Traditions," 166.

⑥ Tocqueville, *Democratie en Amerique*, Tome 1, 16.

⑦ Tocqueville, *Democratie en Amerique*, Tome 1, 1.

⑧ Tocqueville, *Democratie en Amerique*, Tome 1, 127.

⑨ Tocqueville, *Democratie en Amerique*, Tome 1, 128.

⑩ Tocqueville, *Democratie en Amerique*, Tome 2, 135.

⑪ Tocqueville, *Democratie en Amerique*, Tome 2, 432 – 433.

⑫ Tocqueville, *Democratie en Amerique*, Tome 1, 95.

⑬ Tocqueville, *Democratie en Amerique*, Tome 1, 95 – 96.

⑭ Tocqueville, *Democratie en Amerique*, Tome 1, 95.

⑮ Tocqueville, *Democratie en Amerique*, Tome 1, 439.

⑯ Alexis de Tocqueville, *Souvenirs*, in *Oeuvres complètes*, ed. J – P. Mayer (Paris: Gallimard, 1964), Tome 12, 86.

第二编▶ 文化与意识：德国的
文化哲学传统

第一章　歌德时代的政治文化

　　从歌德时代（1749～1832 年）到 19 世纪中叶，欧洲人的意识发生了革命性的变化。事实上，"革命"概念本身也在这一时期发生了变化。革命已不再简单指一种环形的复归，而是开始意味着变化、创新以及创造全新的事物。同样的，"时间是循环的"这一传统意义的最后遗存也受到了挑战，这种挑战来自于欧洲社会和文化所经历的最为重大且持久的变革。①在政治层面，法国大革命的爆发昭示了这一变革的精神；在社会层面，变革表现为一种组织系统的转变，那就是由社会分层支配下的组织系统变为基于广泛功能分化的组织系统；而在经济层面上，工业革命的变革精神也开始悄然影响整个欧洲。②

　　尽管德国所经历的这些结构性发展并未达到与英国、法国相同的程度，但它仍然是当时最激动人心的哲学和观念革命的中心和发源地。这一时期的观念与中世纪盛期相去甚远。举例而言，世界不再被视为是完全先定的，即不再被看作是超出人类活动的事先被规定好的秩序。相反，人们关注的世界的社会和道德秩序与结构，被认为是人类的自我创造物。依据这种观点，现实存在的终极本质就是人类的创造性动力。那些导致人类不断变化的自我创造、活力以及生产力，日益被认为根植于人类主体的内心深处。

主体性观念的基础（但并非全部意义）孕育于伊曼努尔·康德（Immanuel Kant）的哲学中，尤其是在其 1784 年出版的《纯粹理性批判》（*Kritik der reinen Vernunft*）一书中。不同于那些经验主义者和感觉主义者，康德认为人类的知识和能动性（agency）并非根源于外部世界，而是来源于人类精神的内在的或主观的能力。在他的第一"批判"——《纯粹理性批判》的第二版序言中，康德把他在认识论上的成就比作是自然哲学中的"哥白尼革命"（Copernican revolution）。正如哥白尼以其太阳中心说为基础进行经验数据分析的革命性天文学实验一样，康德认为，那些有待被认知的必须符合人类的认知结构（才能够被认知）。换言之，康德断言那些对象只有在符合人类先验（a priori）存在的认知能力时才能够被认知，而不是像从洛克到休谟以来的经验主义传统所认为的那样，将人类心灵看作是自然经验世界的直观投射。但是，康德并非意指现实（reality）就可以化约成人类的精神和观念。他也一直认为人类精神没有创造现实的能力，而是强调只有当经验世界符合某些人类先验存在的认知结构（或者我们必须假设它存在）时，人类才可以获得知识。

因此，与休谟那种将人类思维比作许多既相互排斥又紧密相连，同时又是彼此独立的（休谟称之为“观念的集合”）可被感知的印象的观点不同，康德认为这些作为意识的对象的印象必须符合一套先验存在的认知结构。康德认为如果我们可以假定“对象必须符合我们的知识”，而不是“我们所有的知识必须符合客观对象”，那么我们可以（在形而上学的任务中）做得更好。③简言之，这种逆向假设就是蕴涵在康德哲学理论中的“哥白尼革命”的本质所在。

在这一时期，除了认识论上的革命之外，在历史观念上也发生了一场革命。人类开始认识到历史（字头大写的历史）是自身包含着内在逻辑的统一过程。时代的变迁不再被理解为诸多独立事件的集合——人们根据“历史就是生活的老师”（historia magistra vitae）这一信条来加工历史事件实现道德目的和对人类的启迪，相反，时代变迁被视为是一种特定动态过程的具体性展开，这一动态的历史过程是可以被描述和理解的，并且被认为正在趋向于理性在世界上的实现。

这些变革是歌德时代政治文化研究的中心议题。事实上，像歌德的名作——《浮士德》（Faust）这一类作品，它们不但以这些变革为写作背景，而且试图理解当时欧洲的实践活动。像歌德一样，遵循这一传统的作家们很快意识到，就在欧洲的经验中，注定存在着内在的悲剧性结构。每一次创新的实践都会必要地、不可避免地和必然地存在着破坏的成分。其实，作为推动人类进步和发展之源的自我创造本身就会无法避免地带来破坏。这就是歌德所理解的革命的教训。[④] 这种教训以各种不同的方式反复出现在秉承德国传统的政治文化著作之中。正如我们将会探讨到的，虽然像赫尔德（Herder）和韦伯（Weber）等作家会经常论及革命的这种悲剧精神，但是在康德（Kant）、黑格尔（Hegel）以及马克思（Marx）的作品中，革命经常得到肯定，这仅仅是为了找到一种喜剧式的解决办法，实现大团圆的结局。

注释

① 文化（Kultur）通常是指艺术与科学的特殊领域。与此相反，民族精神这一观念通过下列术语表达：*Nationalgeist*，*Geist des Volkes*，*Seele des Volkes*，*Geist der Nation*，*Genius des Volkes*，*Nationalcharakter*。

② 关于这些结构性变迁，特别是关于国家发展的最近论述，请参见 Jurgen Habermas，*The Structural Transformation of the Public Sphere：An Inquiry into a Cathegory of Bourgeois Society*，trans. Thomas Berger and Frederick Lawrence（Cambridge，Mass.：MIT Press，1989）。

③ Immanuel Kant，*Kritik der reinen Vernunft*，in *Immanuel Kants Werke*，ed. Ernst Cassirer，（Hildesheim：Gerstenberg，1973）Band 3，18.

④ 这一代价在歌德的《浮士德》中清楚地展现出来。在最基本的层次上，《浮士德》是关于一个人意图占有自己主体性的故事。也就是说，这个故事是关于一个人意图占有、理解并彻底明白那赋予自己生命的力量，进而能够自我驱动这一生命的力量。然而，在试图通过其意志占有他自己和世界——也就是掌控人类自我创造的关键能量——的过程中，正如歌德预见的那样，浮士德的行为掩盖了现代经验的悲剧性。

第二章　康德的人类学奥德赛式旅程

在 1796 年，伊曼努尔·康德（Immanuel Kant）在他去世前的第六年出版了《实用人类学》（*Anthropologie in Pragmatischer Hinsicht*）的最后版本。对于那些一直将康德视为自由理性主义的典范以及主张人类平等的哲学家的人们来说，这一作品的问世颇让人震惊。在《人类学》（《实用人类学》简称）的第三部分，康德将人类按照种族、性别以及外貌进行了分类。在"如何从人的外表认识人的内心"（On How to Know a Man's Interior from His Exterior）[1] 这一部分，康德指出，尽管在种族内部及不同种族之间都存在着多样性和变种，但通过利用天然肤色这一无法磨灭的印记，人们就可以推断出一个（人）内部的意识状态和性格特征。① 而且，就性别而言，尽管男人和女人都是理性的存在，但是，"大自然使得男人在体力和勇气上胜过女人，而女人

---

〔1〕　在邓晓芒的《实用人类学》（2005 年版）译本中，译为"论从外部来认识人的内心的方式"。——译者注

则因拥有控制男人追求自己的欲望的天赋而胜过男人"。②最后，康德认为诸如面部结构（structure of the face）、面容（its features）以及习惯性的面部表情或神态（its habitual expression or mien）这样的生理性特征可以使我们从外部来认识人的内心。

康德采用与描绘种族、性别和体貌差别相同的推理模式，开始对不同民族特征的差异进行探索。他对民族特征的描绘往往来自相当可疑的经验观察。举例来说，康德从来没有亲自去法国旅游过，而他却宣称："法兰西首先是一个彬彬有礼的民族，特别是对待来访的外国人。"③虽然康德的这些经验性数据并非总那么可靠，但重要的是，他试图通过这样的经验性观察来分析一个民族的社会思维结构。为了能够理解一个民族的外在行为，就要知道这个民族界定和安排他们经验的方式是什么。这是康德所面临的首要问题。与康德在演绎范畴体系上所表现出来的雄心勃勃的努力不同，演绎范畴体系为所有理性人类的经验世界提供了一种先验（a priori）结构，而康德对民族特性的考察则是建立在对一个预设的理解基础之上，这一预设据说能够使民族成员的行为可被理解。④

在政治层面上，康德反驳了国民性取决于政府形式或结构的观点。"这种没有根据的论断并未阐明什么，"⑤他质疑道，"政府本身的特性又是从何而来呢？"⑥康德的回答是，政体的特性并不是通过政府，而是通过民族的特征才能得到说明。例如，康德就将法国大革命归因于法兰西人民的特性——"对政治与社会革新的眼光与情感"。⑦

不同于法兰西民族的多血质和热情奔放的性格，德意志民族的性格被康德形容为是完全的黏液质。康德将德国人描绘为：他们乐于接受现存的社会和政治状况而不乐于质疑既有的秩序，对设计一种新的社会和政治生活方式抱持谨慎的态度。康德略带讽刺地指出："这（黏液质）是他们好的一面。"⑧在描写德意志民族特性的其他方面时，他指出德意志人有"某种条理癖（virtual mania for method），这一癖好不会推动他们为公民间的平等原则而奋斗"。⑨相反，德意志人要求"按照优越性的程度对公民来进行分类，并且按照更加精密的等级制形式来进行规范"。⑩

在讨论完国民性之后，康德进一步考察了整个人类物种的自然特征。在《人类学》的最后一章，康德列出了据说能够"将人类与其他地球生物区别开来"的三种基本素质。⑪首先，人类受大自然的恩赐，拥有一种可以通过意识来操控外在世界的技术性素质（technical predisposition）。也就是说，与那些仅仅受自然力量驱使的生物不同，人类作为能动的生产者（productive agents），可以把他们的意志施加于外部世界。

除了这种技能之外，人类还拥有一种康德所谓的"实用的自然倾向"的素质，即一种通过教化而变得文明（Kultur）的能力。⑫这一素质存在于"人类的一种自然倾向，即在社会关系中走出仅靠个人的粗野状态，养成适应和谐秩序的规矩有礼的（尽管还不是有道德的）性情"。⑬

最后，人类还有一种按照法则之下的自由原则来对待自己和别人的潜能。当论述到这一点，即人类所具有的第三种也是最高级的一种素质的时候，康德再一次提出有关政体的问题。在康德看来，自由和法律（他要求通过立法来限制自由）是立法所围绕的两个枢纽。⑭基于这两个方面，康德推演出四种可能的政治权威组合方式。这四种政治权威组合方式也就定义了四种不同的政体结构：①有法，也有自由，而没有权威（无政府状态）；②有法，也有权威，而没有自由（专制主义）；③有权威，但没有自由和法（野蛮状态）；④带有自由和法的权威（共和国）。根据康德的论述，只有最后一种组合有资格称为"真正的公民政府形式[1]"。⑮

我们不应该将康德所使用的共和国（a republic）概念和他所理解的民主制度相混淆。在民主制中，公民仅仅渴望增进他们的个人偏好。然而，他所说的"共和国"则可以被描绘成为一个依据理性的正义原则所建立的世界共同体。在《实用人类学》出版之前写作的《法的形而上学原理》[2]（*Metaphysische Anfangsgrunde der Rechtslehre*）一书中，康德

---

〔1〕 "真正的公民政府形式"（"true civil form of government"）中的"civil"既可译为"公民的"，也可译为"文明的""开化的"，故此处也可译为"真正的文明政府形式"。——译者注

〔2〕 亦可译为《正义的形而上学要素》。——译者注

将这一理性法则界定为："任何一个行为，如果它本身是正当的（Recht），或者它依据的准则是正确的，那么，这个行为根据一条普遍法则，能够使一个人的意志自由与任何人的自由同时并存。"⑯

这一点对于理解康德所经历的艰难的哲学探索过程从而最终走向人类学观点而言至为重要。18 世纪 70 年代，当康德正在建构他的批判哲学之时，让－雅克·卢梭（Jean-Jacques Rousseau）的著作深深吸引了他。让我们回忆一下卢梭关于道德自由（moral freedom）的论述。"唯有道德自由才使人类真正成为自己的主人，因为受欲望的支配便是奴隶状态，而唯有服从人们为自己所制定的法律才是自由。"⑰我们将会看到，卢梭的这一定义在很多重要方面为康德的道德哲学提供了基础，并且最终影响到他的政治人类学研究。为了理解这一关联，我们有必要回顾一下内含于康德批判哲学体系中的一些基本原理。

根据康德的理论，对人类的理解可以基于两种截然不同的立场（standpoints）。一方面，我们作为一种经验的生物，和其他所有的生命形式一样，都要受到自然的经验法则（empirical law）——牛顿的物理、引力等定律的支配；另一方面，作为一种有理解能力的生物，我们可以被当作能够自我决定的行动者（self-determining agents）。我们的行为不是受到经验性力量的制约，而是受我们意志（Wille）的支配，这种意志是不能再追溯原因的原因。⑱康德将这一自我决定的领域界定为自由的领域。康德在他的著作中为这两种立场冠以各种各样的名称。例如，他使用感官的、经验的以及现象的领域来指称自然。相对应地，他使用"超感官的""认知的"以及"本体的"这些术语来形容自由的领域。

康德的第一"批判"（《纯粹理性批判》）关注的是自然领域。在这本书中，康德试图论证与经验世界相联系的人类知性的局限性。在这里，康德在对两大哲学传统进行颠覆。他既反驳那些坚信理性能够超越感官经验局限性的"独断论者"（dogmatic rationalists）（如柏拉图，特别是莱布尼茨），也反驳那些认为理性不能为我们提供关于自然的普遍和必然法则的"怀疑论者"（skeptics）（如休谟）。此时，康德想要做的是为牛顿的科学概念进行辩护和提供支持，因为牛顿的科学概念揭示了普遍和必然的自然规律，同时也避免了陷入一种相信理性可以让我们超越可能的经验界限的形而上学幻觉之中。

《纯粹理性批判》的核心问题是：脱离开所有的经验，人类的知性和理性能够认识什么以及认识多少。在康德看来，知性（Verstand）和理性（Vernunft）并非源自经验，而是使人类获得经验对象的知识成为可能的（先验的）必要条件。于是，康德就开始关注纯粹条件，即存在于人类主体之中，确切地说是嵌于人类心灵结构之中，且不掺杂任何经验性因素的条件。纯粹条件是认识经验对象的必要条件。

康德将这种批判研究称之为"超验的（transcendental）"。

由于批判研究试图要做的是推演人类精神的范畴，而为了使人类对世界的经验成为可能，这些范畴必须作为假设而存在，因此就这一点来看，批判研究是先验的。[19]举例来说，休谟曾经提出一个论断：所有的因果性都建立在归纳的基础之上。康德"循着"休谟的思路，指出我们需要有一种（先验的）认知能力或者有关因果性的范畴，才能认识作为因果关系之一部分的行动，因为凭借这一能力或这些范畴，我们才能够认为这一行动是因果关系的一部分。康德认为，作为一种普遍的和必然的要求，因果性的观念都是"综合的"，它必然地要将心灵的能力和自然领域连接在一起。[20]运用相似的方法，康德试图推演出所有那些将我们的知性与经验世界连接在一起的先验范畴。在他的先验演绎中，康德界定了关于自然的普遍的、必然的规律，这一规律被认为是为牛顿的科学概念提供了支持。

在《纯粹理性批判》的最后部分，康德面临着一个二律背反的问题，即两个分别看上去都同样正确但却彼此矛盾的命题：①对每个原因而言都有一个相应的结果；②存在着这样一些原因，它们本身并不是由其他原因引起的结果（即没有原因的原因）。康德指出，尽管这种二律背反不能在思辨理性的层面上予以解释，但却可以在他的两种立场中得到解释。虽然我们作为一种经验的存在要受到因果性规律的支配，但同时作为有认知能力的生物，我们又有能力像自主的个体一样去行动。

康德在其第二"批判"——《实践理性批判》（*Kritik der Praktischen Vernunft*）中，分析那些使自我决定的行动成为可能的条件。他将这些条件与自由的领域联系在一起。康德认为，就像自然规律指导感官世界一样，道德法则应该在这一（自由的）领域中规范我们的欲望和行动。到这里我们就不难理解康德为什么会把卢梭形容为道德世界中的牛顿了。康德在强调人类要服从自我制定的法则的同时，指出卢梭建构了人类理性和自由领域之间的联系。从卢梭的这一观点出发，康德在他的《道德形而上学原理》[1]（*Die Metaphysik der Sitten*）一书中探讨了这一理论的应用。在这本书中，康德根据自律（autonomy）的原则来定义道德自由。自律就是个体通过他们的意志来确定普遍的道德律令。康德将自律的对立面称之为他律，他律的原则并非将道德的基础建立在以理性意志为前提的自决法则之上，而是建立在偏好和欲望，或对苦乐的算计之上。

根据康德那广为认知的公式，人类的意志（Wille）只有在排除所有其他意图而仅出于义务的要求而行动时才是自由的。因此，只有当人类将他们的行动置于一种纯粹的和善的意志之上时，他们的行动才会被认为在道德上是善的（morally good），且非他律决定的。道德律令的形式在康德

---

〔1〕 又译《道德形而上学基础》、《道德形而上学的奠基》。——译者注

著名的绝对命令概念中得到表现。简单说，道德律令之所以被描述为命令，因为它是指令；之所以被描述为绝对的，因为它被认为是普遍的和必然的。在他的《法的形而上学原理》一书中，康德将绝对命令应用于国家和法律领域。就像我们已经看到的，尽管国家的民主形式可能是根据他律原则确定的，但康德将真正的正义（或法）理念界定为一种理性原则。这一理性原则指导政治关系的依据应该是"根据普遍法则，一个人的意志自由与所有人的自由并存"。㉑

　　严格地就政治而言，康德的正义理论在自由领域中达到了道德理想的顶峰。㉒并且，在他的《人类学》中，这一正义理论还和人类在经验世界中的最高层次的自然的完善联系在一起。显而易见的问题就是，根据他自己两种立场的观点，康德是如何将道德和自然这两个看上去是完全——或许不是彻底的——独立的领域联系在一起的呢？康德在他的第三"批判"（《判断力批判》）中给出这一答案。

　　在《判断力批判》（*Kritik der Urteilskraft*）中，康德试图为自然和自由的联结提供一个综合性的先验原则。康德在一般意义上将"判断力"定义为把特殊当作包含在普遍之中来对它进行思维的能力。第三"批判"（《判断力批判》）所重点关注的是康德所谓的"反思性的"判断力。根据康德的论述，反思性的判断力是根据先验的与目的相适合的原则，将特殊归摄于普遍之下的。他认为，为了感受这一协调一致的自然领域，自然必须被设想成为一个仿佛有目的和统一的整体（purposive and unified whole）。在这一层面上，特殊经验与假设的自然统一性之间的联系就提供了反思性判断力的先验基础。由于自然的统一性被认为是一种先于经验的判断倾向，因此从这种意义上来说，反思性的判断力也是先验的。换言之，我们必须首先假设自然具有统一性，进而才能将特殊经验归摄于其中。

对康德来说，在反思性判断力中所假设的自然的目的性和统一性特征，能够发挥联系自然领域和自由王国的作用。一方面，康德曾经在第一"批判"（《纯粹理性批判》）中诉诸牛顿的自然概念。按照牛顿的界定，像这样的概念（自然领域中的概念）都是非目的论的。也就是说，构成经验世界的自然法则并没有将人类导向任何必然目的。相反，根据这种机械式的界定，它们与目的无关。[20]在另一方面，康德在第二"批判"中的确探讨了人类根据道德律令自我决定的这种目的。在第三"批判"的奇妙的矛盾运动中，康德试图利用判断力的调和功能将前两部著作中的观点联结在一起。

康德在论述目的论的判断力时指出，自然的目的性概念使我们能够设想出在实践理性法则指导之下的自然界中实现目的的可能性。换句话说，我们可以试探性地看待自然，就像它正在引导人类走向由道德律令规定的特定目的。这样，自然就可以被理解为引导人类在经验世界中实现完美道德的条件，这一条件在第二"批判"和《道德的形而上学基础》

中都有界定。在康德看来，正是在人类历史的运动中，这一实现过程得以进行。说得更具体一点，作为一种规范性的原则，反思性的判断力是用以辨明人类历史中自然界的目的性。

吊诡的是，康德坚持认为，只有通过否定（negation），自然界才能使人类实现道德的目的。例如，作为自然的"至上智慧"的一部分，战争或许被视为一种有远见的努力，为规范国家之间自由的法律统治铺平了道路。康德因此得出结论说，尽管"我们或者因为自然的原因，或者因为个人的利己的鲁莽行为而变得邪恶"，但是人类在自然深处找到了更高目的的适应性。[24]这样，在《判断力批判》中，一种出自否定精神的浮士德式（也即唯目的式）的历史进步图景展现在我们面前。

在康德早期的文章《关于一种世界公民观点的普遍历史理念》（*Idee zu einer allgemeinen Geschichte in weltbürgerlicher Absicht*）中，我们也能找到关于这一图景的论述。带着一种极其强烈的"浮士德"精神，康德因为人类的"好争吵、充满羡嫉的虚荣心，以及男人们对占有和支配永不满足的欲望的性格特征"，[25]而对自然的智慧大加赞赏。他宣称，如果没有这些性格特征，人类的素质将无法显现，并且"他们所有的自然能力都将永远无法发挥出来"。[26]通过克服横亘在他们前行道路上的障碍，人类反而被迫将自身的潜质发掘出来。在康德阐述历史观的有关文章中，许多观点在他后来的

《实用人类学》中得到进一步发挥。

比如，在政治方面，康德认为人类需要一种纪律性的教育从而形成正义的秩序。康德根据他"普遍历史原则的第六条"指出，"作为一种群居的动物，人类需要一个权威"。㉗如果任由他们自己处理，人类会对他人滥用他们的自由。尽管人类拥有依据理性原则来指导生活的潜能，这种理性原则能够为所有人提供对自由的限制，但很不幸的是，他们同时拥有一种努力挣脱这些限制的倾向。因此，康德认为，"人类需要一个主人，这个主人能够制服人类的意志，并且迫使人类服从一种旨在使所有人都拥有自由的普遍意志"。㉘通过这些纪律的约束，人类就会开始不断地提升，从而获得他们作为道德存在的最高潜能。确切地说，通过这种否定精神，人类将逐渐学会在一个正义的公民共同体中生活，这一共同体所遵循的是普遍正义的要求。就这一点而言，人类历史的悲剧性因素无论如何都在为实现道德生活的最高原则而发挥着作用，即使我们可能对此毫无所知。

最后，在康德的政治文化观点中存在着一个根本性的悖论。尽管他开创了一种基于国民性的文化差异研究，但是这些差异被提炼出来的目的，仅仅是为了在康德的世界性国家图景中将其消除。当然，这些文化差异可能仍然会在康德的世界性国家体系中一直存在着，但是它们不再被用来界定共同体的政治特性。这样说来，康德既开创了同时又颠覆了德国传统中的政治文化概念。

注释

① Kant, *Anthropologie in pragmatischer Hinsicht*, in *Werke*, Band 8, 214 – 215. Also see "Von den verschiedenen Rassen des Menschen", in *Werke*, Band 2, 418 – 422.

② Kant, *Anthropologie*, 196. Compare the similarity between Kant's understanding of gender differentiation with the position Rousseau took in *Emile* V.

③ Kant, *Anthropologie*, 207.

④ 在最小意义上，这一论述可以被描述为是"先验的"，请参见第 75 页注⑲。

⑤ Kant, *Anthropologie*, 206.

⑥ Kant, *Anthropologie*, 206.

⑦ Kant, *Anthropologie*, 212.

⑧ Kant, *Anthropologie*, 212.

⑨ Kant, *Anthropologie*, 213.

⑩ Kant, *Anthropologie*, 213.

⑪ Kant, *Anthropologie*, 217.

⑫ 关于康德自律教育体系，请阅读他所著 *Vorlesungen über Pädagogik*, in *Werke*, Band 8, 453 – 509。

⑬ Kant, *Anthropologie*, 218.

⑭ Kant, *Anthropologie*, 248.

⑮ Kant, Anthropologie, 248.

⑯ Kant, "Metaphysische Anfangsgrunde der Rechtslehre," in *Werke*, Band 7, 31.

⑰ Jean-Jacques Rousseau, *Du Contrat Social*, in *Oeuvres complètes*, ed. Michel Launay (Paris: Editiòns du Seuil, 1971), Tome 2, 524.

⑱ 康德在他的著作中阐发了意志的两种概念。"Der Wille"被康德用来指作为命令来源的意志。作为立法者，它是法（道德的法律）的来源。另一方面，"Die Willkür"可以被称作为"选择"或者"任性的偏好"，因为它在可替代的选项中进行选择，反映了单个主体的个人欲望。

⑲ 关于先验的论述存在一种两分法。一个是只把先验看作是探寻社会行为的预设，另一个是把先验看作是从一个先验的范畴体系中进行演绎的可能性。与康德的批判哲学相反，诸如 Karl-Otto Apel 和 Jurgen Habermas 等当代思想家在前一个意义上使用先验论述。比如，请阅读 Jurgen

Habermas, *Wirklichkeit und Reflexion*, ed. , Helmut Fahrenbach（Pfullingen：G. Neske, 1973）and Karl-Otto Apel, *Diskurs und Verantwortung：Das Problem des Ubergangs zur Postkonventionellen Moral*（Frankfurt：Suhrkamp Verlag, 1985）。关于第二个意义上的先验论述，请参见下面关于康德批判哲学的讨论，同时请阅读 Hilary Putnam, "A Reconsideration of Deweyan Democracy," *Southern California Law Review* 63（September 1990）：1687 - 1688. Reprinted in *Pragmatism in Law and Politics*, ed. Michael Brint and William Weaver（Boulder, Colo：Westview Press, 1991）, Chapter 19。

⑳ 当然，康德的这一分析性/综合性的区分受到当代哲学中诸多思想家的大量批评，奎因在他的著作中进行了分析，请阅读 W. V. O. Quine's, *From a Logical Point of View*, 2d ed.（Cambridge, Mass. ：Harvard University Press, 1980）。

㉑ Kant, "Metaphysische Anfangsgrunde der Rechtslehre," 31.

㉒ 康德的正义学说（Rechtslehre）关注了政治（外部）权威与和平的创立。它涉及政治强制的合法使用问题。在他的《道德形而上学原理》一书的第二部分，康德讨论了美德学说（Tugend）。这一学说致力于讨论康德所说的不完全义务。这一不完全义务既针对我们自己（促进我们自身的完善），也针对他人（促进他人的幸福与目的）。

㉓ 康德关于机械式自然与目的论式自然的论述，请阅读 Kant, *Kritik der Urteilskraft*, in *Werke* Band 5, 448 - 454. 对康德来说，一个物体只有当它既成为自身的结果，又成为自身的原因时，它才能作为自然的目的而存在。比如，一棵树是自我生成的，因为它通过这样一种方式来接受与组织物质，它既能够产生同一种类的其他成员，也能够通过自身的赋形能力实现自我生产。与此相反，机械主义也许拥有运动的能力，但是它的内部组织不是自我生成的。在这一方面，康德借鉴了亚里士多德关于自然的理解，亚里士多德认为自然在其内部蕴涵了运动的来源（也就是内在的生命力和可知性）。

㉔ Kant, *Kritik der Urteilskraft*, 513.

㉕ Kant, "Idee zu einer allgemeinen Geschichte in welburgerlicher Absicht," in *Werke*, Band 4, 156.

㉖ Kant, "Idee zu einer allgemeinen Geschichte in welburgerlicher Absicht," in *Werke*, Band 4, 156.

㉗ Kant, "Idee zu einer allgemeinen Geschichte in welburgerlicher Absicht" in *Werke*, Band 4, 157.

㉘ Kant, "Idee zu einer allgemeinen Geschichte in welburgerlicher Absicht" in *Werke*, Band 4, 157.

第三章　赫尔德和洪堡的语言、历史、文化多元性

　　约翰·哥特弗雷德·赫尔德（Johann Gottfried Herder）早期对康德的赞赏是有详细记载的。[①]在柯尼斯堡大学（Königsberg）求学期间，他曾赞赏康德是一位在地理、物理、天文和哲学上都极具天赋的老师。同时，康德对青年赫尔德所做的研究也给予了鼓励。实际上，正是康德最先将卢梭和孟德斯鸠的作品介绍给赫尔德。和康德一样，赫尔德也深受卢梭和孟德斯鸠，特别是前者思想的影响，但他同时又批判法国和德国哲学。赫尔德在他带有轻蔑语气的早期作品中指出："如果法语不是被法国人使用，或者为法国人而书写，那么它将会是一种非常完美的哲学语言。因为法国人对形而上学的实体性一无所知，而且他们也完全不能理解形而上学所具有的真正的意义。"[②]就他自己的哲学而言，"他所知道的以及他所试图寻找的仅仅是那些社会习俗"。[③]赫尔德同时强调："我们德国人热爱那些我们认为本身就非常惹人

喜爱的抽象真理。"④而正是鉴于德国人的这种倾向，赫尔德警告说，"德国人像受到诅咒一样坚持认为一切事物都可以从那些纯粹形式上的命题中推导出来，而不管它是否真正地符合命题，对这样一种倾向进行抵制是非常重要的"。⑤但是我们知道，康德并没有理会这一警告。的确，当康德开始研究其批判哲学时，康德和赫尔德之间的彼此赞赏也就不复存在了。实际上，他们两人之间的真挚情谊很快就被一种苦涩的和常常带有愤怒的敌意所取代，这种敌意一直持续到两人辞世。⑥

赫尔德在 1774 年所写的一篇历史学文章中就已经将这种对立明显地表达出来了。在这篇配以略带嘲讽意味的标题——《关于人类教育的另一种历史哲学》（*Auch eine Philosophie der Geschichte*）的文章中，赫尔德批判了这样一种观念，即人类历史可以被视为一种以实现单一的决定性道德目的为指向的统一进程。"假设命运会永远大步向前，相信堕落是进步和秩序的必要前提，论证为了有光就一定要有阴影，依我看，这些无非是我们这个时代所宠爱的哲学（pet philosophy）的必然推论。"⑦与这种单一的和"荒谬的"的历史观相对，赫尔德主张，"正如每一个圆球都有它自己的重心一样，每一个民族也拥有自己幸福的中心"。⑧

赫尔德最著名的作品《人类历史哲学的观念》（*Ideen zur Philosophie der Geschichte der Menschheit*）一书的焦点，是在不同文化发展的基础上建构的人类历史多元性。不同于康德所要探寻的统一的"普遍历史观念",赫尔德在《人类历史哲学的观念》一书中强调的是文化和历史的多元性,这点在该书的标题中就有所体现。[1] 在这本书中,赫尔德强调一个民族文化的活力 (the vital energy/Kräft)⑨是在其独特的成长环境中形成和发展的。

但与此同时,赫尔德也朝着更好地实现他所谓的人性(Humanitöt)这一方向来探寻人类文化的发展。作为一个众所周知的模糊概念,人性似乎由一组赫尔德心目中的人类最高贵的品质所组成,其中包括真理、自由、幸福、同情、爱和自决⑩。但最重要的是,"宗教是我们人类人性的最高表现"。⑪因为正如赫尔德所说:"在形容我们命运的时候,最高贵的语言莫过于将自己的本质表达为人类,而人类反映的是世界造物主的形象。"⑫

尽管赫尔德将人之本质界定为一个统一的主题,但是他坚持认为他所提出的人性概念与其强调的历史和文化的多元性并不矛盾。"既然人会运用知性在多元性中寻找统一性,既然人认知的蓝本——神圣的精神已经处处将最大可能的多元性与统一性结合在一起",那么人性就并非是一个矛盾体,而是作为人类一种天赐的反思认知能力而存在,这种能力是人类用以展现和表达他们作为一个民族所拥有的唯一且独特之目的。⑬在这一点上,赫尔德试图在他

---

〔1〕　赫尔德著作英文版的标题是"Ideas",取复数而非单数,表示多种关于人类历史哲学的概念,体现了多样性。——译者注

的历史哲学观念中，将人类的统一性与文化的多样性两个宏大主题融为一体。

赫尔德很快就用人性的观念去抨击康德历史著作中的多个命题。比如，他嘲笑康德的观点，即作为一种动物的人类，为了能和其他同类共同生活而需要一个主人。赫尔德写道，"将这一主张当作历史哲学的根本原则，既肤浅又有害"。⑭他认为真正的情形应该反过来："只要我们仍然需要一个主人来支配我们，那么我们就还只是一种动物，因为这并非出于自然，而仅仅是人类的野蛮恶习和难以控制的激情才使主人的统治成为必要的。"⑮

此外，赫尔德还强烈批判了另一观点，即可以把种族作为理解人类历史发展的适当变量。赫尔德不是用不公正的种族界限——被假定为无法磨灭的民族特征——对人类进行划分，他指出，"每个单独的共同体都是一个民族，一个拥有它自己民族特征和语言的民族"。⑯事实上，赫尔德认为，能够为系统地理解人类的自然史提供唯一真实划分标准的，并非是肤色的深浅，而是文化和语言这两个变量。

最后，赫尔德在为民族文化进行辩护的同时，又对康德哲学中的世界公民观点进行了批判。他以一种粗鲁的方式描绘了"闲散的世界公民那过分热情的内心"，其表达情感的方式让人很容易联想起卢梭。⑰在赫尔德看来，"与那些人的幻像——有教养的世界公民相比，那些按照他们自己谦卑的方式来为自己以及他们的部落而劳作的原始人才是更真实的存在，而那些沉迷于他所有同伴的爱护之中的世界公民，虽然有爱，但只是一种幻觉"。[18]在《关于人类教育的另一种历史哲学》中，赫尔德同样用嘲讽的口吻描绘了一幅相似的世界主义（cosmopolitanism）图景：

> 那个还存有民族性和民族文化的时代是多么原始，多么悲惨啊！在那个时代中，（每个民族的成员都）对外国人充满憎恨和敌意，有本族中心主义、偏见，以及对生于斯、死于斯的土地的依赖；有一种本土的心态，一种狭隘的观念——永恒的野蛮状态。啊！感谢上帝，让民族特性永远地离开了我们！我们爱每个人，更确切地说，我们根本不需要爱，因为我们彼此友好相处，互相尊重，有礼和平等相待。当然，我们再也没有因同一个祖国或同一起源而产生的归属感了，（因为）我们全都是博爱的世界公民。目前，君主们全都在讲法语。不久之后，每个人也都将跟上他们的队伍。然后，瞧，我们即将享受的幸福是如此美好：在那个黄金时代，整个世界将只有一种说话方式，只有一种语言！那里将只有一个羊群和一个牧羊人！民族文化，你在哪里？[19]

如果再多一点冷静、少一些嘲讽，这些段落也许会被诠释成为政治民族主义所做的辩护。不过赫尔德非常憎恶他所谓的"狭隘民族主义"（narrow nationalism）的（情绪），（在这一情绪的支配下）政府会为了保护自己国家的优越地位而互相战斗。与此相反，赫尔德将国民性视为像语言一样是长期受到教化的人们的鲜活意识。在"关于政府与科学的相互关系的论文"（Dissertation on the Reciprocal Influence of Government and the Sciences）中，他提出，"最宽泛意义上的政治制度包括法律、政府形式、习俗以及市民传统，它们为民族特性这粒种子的茁壮成长提供了土壤".[20]尽管赫尔德认识到文化和政治之间的关联，但他却没有进一步深入下去。他只是对那些经常以民族荣誉、自尊或者利益为名，盲目寻求政治权力的行为表示了蔑视。

相反，赫尔德倡导每个民族都有根据其自身目的生存和发展的独立和自由。正如他对文化历史所论述的那样，他强调不同政府形式间必不可少的多元性和多样性，这是在它们互不相关的自身传统氛围中形成的。因此，与孟德斯鸠的观点不同，赫尔德宣称不同的政体形式不能简单地归入三种或者四种（设计）良好的社会学模式之中。尽管孟德斯鸠在其著作中笔触激扬，但赫尔德在孟德斯鸠那里程碑似的巨著中仅仅发现：

> 词语从文本中撕扯出来，然后在三四个市场中组合，进而将其强行掳进三个可怜的普遍原则之下——仅

仅是词语，毫无价值，含混不清，以混乱的方式杂糅交
织成空洞的组合物，所有时代、民族以及语言的狂乱，
仿佛"巴别塔"一般。作为上帝杰作一部分的所有时
代和民族历史上的成就，在被整齐地划分为三大块之后
变成了废墟。㉑

　　赫尔德提到语言和"巴别塔"的例子并不奇怪。他指
出，通过语言"我们才得以融入由我们自己建造的世界当
中"。㉒实际上，理性本身就是对人类自我创造的杂乱无章的
实践所进行的建构。理性并非是像康德所认为的人类精神的
先验的能力，而是我们的感觉和知觉的组织原则，也是我们
在话语中表现出来的创造性能力。㉓
　　对赫尔德来说，语言不仅是人们内在的思考和反思的手
段，还是人们进行表达和交流的媒介。"当我在灵魂中进行
交谈并且设法去和他人进行交流时，我才能够想象人类的第
一次思考，也才可以预计人类第一次经过深思熟虑的争论的
情形。我所构想的第一个特征性标记对我来说并不仅仅是一
个标志，它还是一种词语，一种和其他人进行交流的方
式。"㉔赫尔德认为，与交流实践的情形一样，我们也是在一
种特殊的社会和文化本体的环境和范围内体现并界定我们自
身的。我们表达了一种在这个世界上存在的方式，这一方式
是由我们文化里的活的语言随着时间的推移所创造的。㉕
　　在文章的第二部分，赫尔德进一步强调了作为民族文化

特征的语言的多样性和多元化。"因为全体人类种族不可能永远局限于一个种群，所以人类也不可能被限制在一种语言之中。"⑳赫尔德认为，在自然法则（natural law）的作用下，多种多样的"民族语言一定会得到传播"。㉗在文章的这一部分，赫尔德并不是基于一种特定的政治秩序，而是基于语言实践来看待民族文化，一种文化就是由语言实践来界定的。采用与赫尔德相似的视角，伟大的语言学家威廉·冯·洪堡（Wilhelm von Humboldt）在他的《论人类语言结构的差异及其对人类精神发展的影响》（*Über die Verschiedenheit des menschlichen Sprachbaues und ihren Einfluss auf die geistige Entwicklelung des Menschengeschlechts*）一书中对民族身份的语言特征的演进过程进行了描述。

洪堡在该书的开篇就宣称，一切语言都适用于一个理想的通用语法规则。但是，他很快又将关注点转向人类语言结构的演进问题。语言结构是人类文化的多元性在精神层面上的表现形式，这让人联想起赫尔德所提出的多样性的自然法则。洪堡指出，尽管"语言产生于人类本质的深处，但是它从来没有深深卷入人类精神发展的进程当中。它从人们的精神个性中剥离出来，遵循并且通过民族的迅速发展而不断演进"。㉘

洪堡并没有在一种纯粹功能的意义上对语言进行分析，而是将语言作为一种认知和想象的精神力量来进行考察。人类通过语言获得了对世界的意识、知识和掌控。它是一个民族创造力、个性以及内在活力的表达媒介。[29]洪堡指出："就语言的真正本质而言，它是一种生动的表达方式，而不是迂腐的、一成不变的。语言本身是一种（充满活力的）行为（Energeia），而不是行为的产物（Ergon）。"[30]通过捕捉这一行为，语言分析为我们提供了认识丰富的民族精神多样性最直接和最可靠的手段。[31]

洪堡认为，"每一种语言都反映了使用这种语言的民族的精神。语言是这一民族进行思想创造和沟通的独特载体"。[32]洪堡在他的历史学文章中指出，历史学家的任务是揭示那些当只以一种纯粹经验性的方式来观察时，往往被掩盖在事件的表面经验之下的观念的内在真理。从这方面看，历史学家还必须"和艺术家寻找形式的真理一样去寻找事件的真相。人只能抓住那些正确的、微妙的以及隐藏的东西，因为人的头脑就恰好习惯于捕捉这样的东西"。[33]为了完成这一任务，历史学家必须去理解事件发生在其中的文化的语法。

洪堡与他之前的赫尔德一样，在强调民族文化个性的同时，也批判目的论的历史观。"即使它是从人和自然本质自身中推导出来的，对终极原因的哲学探索也会曲解和伪造每一个关于生命活力的独立判断。（这种哲学探索）永远不可能在活生生的事物中发现事件的终极目标，因为（这种探索）不得不在已经逝去的制度和理想的整体性概念中寻找它。"[34]与目的论的历史研究相反，洪堡指出，历史学家只有通过不间断的探索将事件的外在形式与内在特性结合起来，他们才能够完全把握那种赋予事件活力的力量。

在具体涉及政治文化研究时，洪堡最突出的贡献并不是他的历史学或者语言学理论，而是他早期的政治学作品——《论国家的作用》（*Ideen zu einem Versuch, die Gränzen der Wirksamkeit des Staats zu bestimmen*）。洪堡指出，尽管大多数政治思想家都关注政体的结构，但是对国家机构的限制要比其他政治问题都更加重要。[35]他坚持认为，如果一个人想要将个人的独立与联合体的亲密结合起来——也就是将自我发展的个性与社会联合的渴望结合起来——那么第一项任务就是为国家的合法行动设置一个绝对的界限。[36]用当代的术语来讲，把洪堡的政治分析描述为带有社群主义色彩的新保守浪漫主义也许是最恰当的。

洪堡从区别一个国家能够在公民福利中扮演的积极（positive）与消极（negative）两种不同角色展开他的政治论述。若扮演消极的角色，那么国家"除了保障公民的共同安全和防止外部敌人的侵犯所绝对必需的范围之外，不要再向前迈出一步"。[37]如果超出这一限制，那么国家就开始扮演一个积极的角色了。根据洪堡的观点，这些积极的行为为人类自由带来了积极的限制。"在一个国家中，公民被强迫或者被驱使遵守即使是最优良的（积极的）法律，这个国家可能是稳定的、和平的以及繁荣富裕的，但它依旧是一群得到很好照顾的奴隶，而不是由自由、独立的人组成的民族。"[38]

一个国家对公民的干涉越多，这一国家的公民就越会彼此相仿。用洪堡的话来讲："从不同个体的集合中产生出的多样性是社会生活能够赋予的最高的善，但是这种多样性随着国家干涉程度的增强而逐渐消失了。在认可国家干涉的制度中，我们所面对的不是由共同的纽带而联合在一起的个体组成的国家，而是一群仅仅与国家发生关系的彼此隔离的臣民。"[39]这种干涉将会束缚个人能量的自由释放，也会削弱民族的活力。按照这一观点，国家一旦致力于对公民道德和物质福祉的积极关照，那它就无法避免对个体发展的危害。[40]

同时，洪堡也警告说，这种国家也会损害社会联合体的社群目标。真正的社会联合体并非通过国家干涉来形成，而是通过民族智力和精神力量的自然发展而逐渐形成。洪堡用一幅免于束缚，由个人自由培育的国家图景来结束他的浪漫主义想象：

我能够指出，人的内在生命显露出来会是多么强大，多么美丽！没有任何人会为另一个人作出完全牺牲。当人人都在其固有的特性方面不断进步，人类美丽的灵魂将产生更加丰富多彩的和更加精妙的性格差别。片面性会更少，每个人都将因此受到鼓舞而为共同的利益贡献出自己的力量。[41]

注释

① See Robert T. Clark, Jr., *Herder: His Life and Thought* (Berkeley and Los Angeles: University of California Press, 1955), 41 – 46.

② Johann Gottfried Herder, *Journal meiner Reise*, in *Sämmtliche Werke*, ed. Bernard Suphan, Carl Redlich, Reinhold Steig (Berlin: Weidmannsche Buchhandlung, 1877 – 1913), Band 4, 416.

③ Johann Gottfried Herder, *Journal meiner Reise*, in *Sämmtliche Werke*, ed. Bernard Suphan, Carl Redlich, Reinhold Steig (Berlin: Weidmannsche Buchhandlung, 1877 – 1913), Band 4, 427.

④ Johann Gottfried Herder, *Journal meiner Reise*, in *Sämmtliche Werke*, ed. Bernard Suphan, Carl Redlich, Reinhold Steig (Berlin: Weidmannsche Buchhandlung, 1877 – 1913), Band 4, 427.

⑤ Johann Gottfried Herder, *Journal meiner Reise*, in *Sämmtliche Werke*, ed. Bernard Suphan, Carl Redlich, Reinhold Steig (Berlin: Weidmannsche Buchhandlung, 1877 – 1913), Band 4, 445.

⑥ 到了最后，赫尔德攻击了康德的批判哲学。比如，请阅读赫尔德所著 *Metakritik* (1799) and *Kalligone* (1800) in *Werke*, Band 22, 1 – 342. 也可参见 Kant's vituperous critique of Herder's *Ideen zur Philosophie der Geschichte der Menschheit*, in *Werke*, Band 4, 179 – 200. 关于对康德批判哲学的分析，请阅读 G. A. Wells, *Herder and after: A Study in the Development of Sociology* (The Hague: Mouton, 1959), 136 – 149。

⑦ Herder, *Auch eine Philosophie der Geschichte*, in *Werke*, Band 5, 527.

⑧ Herder, *Auch eine Philosophie der Geschichte*, in *Werke*, Band 5, 509.

⑨ 赫尔德经常使用 "Kräft" 这一术语来描述内在驱使的动力，这一动力与一个民族的历史之中存在的自我生成的能量相联系。

⑩ Herder, *Ideen zur Philosophie der Geschichte der Menschheit*, in *Werke*, Band 13, 149.

⑪ Herder, *Ideen zur Philosophie der Geschichte der Menschheit*, in *Werke*, Band 13, 161.

⑫ Herder, *Ideen zur Philosophie der Geschichte der Menschheit*, in *Werke*, Band

13，154.

⑬ Herder, *Ideen zur Philosophie der Geschichte der Menschheit*, in *Werke*, Band 13，255.

⑭ Herder, *Ideen zur Philosophie der Geschichte der Menschheit*, in *Werke*, Band 13，383.

⑮ Herder, *Ideen zur Philosophie der Geschichte der Menschheit*, in *Werke*, Band 13，383.

⑯ Herder, *Ideen zur Philosophie der Geschichte der Menschheit*, in *Werke*, Band 13，258.

⑰ Herder, *Ideen zur Philosophie der Geschichte der Menschheit*, in *Werke*, Band 13，339.

⑱ Herder, *Ideen zur Philosophie der Geschichte der Menschheit*, in *Werke*, Band 13，339.

⑲ Herder, *Auch eine Philosophie*, 550 – 551.

⑳ Herder, "Dissertation sur l'influence des Sciences sur le Gouvernement et du Gouvernement sur les Sciences" in *Werke*, Band 9, 311 – 312.

㉑ Herder, *Auch eine Philosophie*, 565 – 566.

㉒ Herder, "Uebers Erkennen und Empfinden in der Menschlichen Seele," in *Werke*, Band 8, 252.

㉓ Herder, *Abhandlung über den Ursprung der Sprache*, in *Werke*, Band 5, 28 – 29.

㉔ Herder, *Ursprung der Sprache*, 47.

㉕ 关于这一点，请阅读查尔斯·泰勒：（Cambridge：Cambridge University Press, 1979），15 – 25. Also see Isaiah Berlin, *Vico and Herder：Two Studies in the History of Ideas* （London：Chatto and Windus, 1976），181.

㉖ Herder, *Ursprung der Sprache*, 123.

㉗ Herder, *Ursprung der Sprache*, 124.

㉘ Wilhelm von Humboldt, *Über die Verschiedenheit des menschlichen Sprachbaues und ihren Einfluss auf die geistige Entwicklelung des Menschengeschlechts*, in *Wilhelm von Humboldts Gesammelte Schriften*, ed. Albert Leitzmann （Berlin：Behr, 1907），Band 7, 16 – 17.

㉙ See Hans Aarsleff's "Introduction" to Humboldt's *On Language*, trans. Peter Heath （Cambridge：Cambridge University Press, 1988），vii – lxvi.

㉚ Humboldt, *Die Verschiedenheit des menschlichen Sprachbaues*, 46.

㉛ 在检验这一多样性时，洪堡并没有向我们展示语言相对论的学说。恰恰

相反，洪堡坚持认为存在一种绝对的形式，依靠此形式我们能够评价不同的语言结构。梵文作为最佳例子，洪堡的语言理想在这些语言里得到了体现，这些语言能够为认知和想象上的能力立刻提供表达上的精确性与自由。一种语言越是能够通过声音来阐述思想，这种语言就越完善。请阅读 Humboldt, *Die Verschiedenheit des menschlichen Sprachbaues*, 255。

㉜ Humboldt, "Über die Aufgabe des Geschichtschreibers," in *Gesammelte Schriften*, Band 4, 55.

㉝ Humboldt, "Über die Aufgabe des Geschichtschreibers," in *Gesammelte Schriften*, Band 4, 45.

㉞ Humboldt, "Über die Aufgabe des Geschichtschreibers", in *Gesammelte Schriften*, Band 4, 46.

㉟ Humboldt, *Ideen zu einem Versuch, die Gränzen der Wirksamkeit des Staats zu bestimmen*, in *Gesammelte Schriften*, Band 1, 100.

㊱ Humboldt, *Ideen zu einem Versuch, die Gränzen der Wirksamkeit des Staats zu bestimmen*, in *Gesammelte Schriften*, Band 1, 107.

㊲ Humboldt, *Ideen zu einem Versuch, die Gränzen der Wirksamkeit des Staats zu bestimmen*, in *Gesammelte Schriften*, Band 1, 129.

㊳ Humboldt, *Ideen zu einem Versuch, die Gränzen der Wirksamkeit des Staats zu bestimmen*, in *Gesammelte Schriften*, Band 1, 175.

㊴ Humboldt, *Ideen zu einem Versuch, die Gränzen der Wirksamkeit des Staats zu bestimmen*, in *Gesammelte Schriften*, Band 1, 113.

㊵ Humboldt, *Ideen zu einem Versuch, die Gränzen der Wirksamkeit des Staats zu bestimmen*, in *Gesammelte Schriften*, Band 1, 122 – 123.

㊶ Humboldt, *Ideen zu einem Versuch, die Gränzen der Wirksamkeit des Staats zu bestimmen*, in *Gesammelte Schriften*, Band 1, 128.

第四章　黑格尔论伦理生活的终点

　　与洪堡所提出的"最小国家"（the minimal state）定义相似，格奥尔格·威廉·弗里德里希·黑格尔（Georg Wilhelm Friedrich Hegel）将市民社会（civil society）的适当目的界定为在市民们能力所及的范围内保证和保护个人的财产和人身自由。①不过，在黑格尔看来，洪堡不仅混淆了市民社会（civil society）和国家，而且还将个人的自由（liberty）和权利的范围与公民的自由（freedom）和责任的范围混淆在一起。②他用他自己独特的术语写道："我们一定不能混淆市民社会的目的与国家的理性目的。在国家里达到现实性的理性（rationality），存在于作为实体性的意志（substantive will）的普遍自由与作为追求特殊目的的意志的个人自由的统一中。"③黑格尔坚持认为，尽管要保证作为市民社会中的个人追求自己特殊欲望与目的的权利，但是作为国家的公民，每个人都必须与作为整体的共同体的普遍意志相一致。

　　黑格尔的《法哲学原理》（*Grundlinien der Philosophie des*

Rechts）的首要目的，是为了论证在现代国家制度影响下社会生活和政治生活的基本统一性，以及个人与公民的统一性。为了达到这一目的，他追溯了以权利或法律领域为客观形式的"精神"（Geist）的发展。一般说来，黑格尔将"精神"定义为渗透到所有"实在"（reality）中的内在本质与合理性。黑格尔指出，精神在自身辩证运动中以理性的方式外化为政治领域，以及自然、历史、科学、宗教和艺术等领域，在这些领域中，精神向我们显现出来，并揭示了它自身。

基于生命"有机体"（organic）的比喻，黑格尔的"精神"概念的辩证展开，是内在的（immanent）而非超验的（transcendent）。它通过人类的意识和能动性来发挥作用。这样，人类历史被理解为"精神"的内在发展，一如"精神"在世界中的自我实现。众所周知，在这一过程中的每一次辩证运动都包括三个环节或阶段。首先表现为整体且不受限制的简单统一体。然后，其中开始出现一种内部分化、矛盾以及根本的对立。最后，对这种对立的否定——黑格尔所称的"否定之否定"继而发生。通过扬弃对立，一种精神现实的新形式就产生了。不过需要特别注意的是，在这一创造过程中，那些被否定的东西并没有完全消失。实际上，合乎理性的部分在"精神"的运动中被保留了下来，正如它在这个世界上所显现的那样。

黑格尔遵循了这一基本的辩证法模式，来探寻客观精神

（objective spirit）的内在运动和展开。在第一个阶段，"精神"表现为抽象的权利（法）。这一层面涉及抽象的人，即人格所拥有的权利和义务。它们还不是那种针对国家公民的明确法律。在这个阶段，那些还未适应任何一种政治社会的人类表现出浮士德式的特征，就像动物在自己意志的支配下占用自然的对象一样。

黑格尔在《精神现象学》（*Phänomenlogie des Geistes*）一书中，阐发了浮士德式状况的主观性（subjective）方面。他在其著名的主奴辩证法（master-slave dialectic）中，描绘了一种在自我意识（self-consciousness）与形成这一自我意识的社会状况发展之间的辩证关系。黑格尔认为意识（consciousness）在本质上是与一个社会本体连接在一起的，它不同于勒内·笛卡儿（René Descartes）的"我思故我在"（cogito），莱布尼茨（Leibniz）的"单子"（monad）抑或康德的"超验的自我"（transcendental ego）。我们只有在一种社会背景下，当他人认识到我们的意识存在时，才能够对自身的主体性有全面认知。在《精神现象学》可能最广为人知的段落中，黑格尔指出："当或者基于这一事实，即自我意识在为另一个自在自为的自我意识而存在时，也就是说，被他者所知时，它是自在自为的。"④

黑格尔关于自我意识产生的故事是这样开始的。两个浮士德式的生物正在各自意志的支配下快乐地占用着自然的世界。而当他们彼此相遇的时候，他们发现这种占用让人感到十分沮丧。他们都认识到对方并非是意志自我控制的主体（subject），而仅仅是那非常适合被占用的自然的客体（object）。因此，他们彼此拒绝屈从于对方的意志。于是很快，一场生与死的争斗就拉开了帷幕。黑格尔指出，只有当这二者之一面临死亡威胁时才会承认自己是对象而承认对方为主体，也只有这时这场争斗才会平息。前者表现出奴隶的意识，而后者则表现出主人的意识。

实际上，主人和奴隶的戏剧并没有到此结束。相反，情况发生了 180 度的转变。一方面，奴隶成为生产者，他能够在世界上将自身对象化。也就是说，他能够依照自我建构的精神图像或想法来改造自然。黑格尔认为，尽管这种意识的形态可能并不等同于自我意识，但是相较于主人的意识，奴隶已经沿着辩证的道路走得更远了。另一方面，主人只有通过将他人转变为客体才能赢得主体性的承认。因此，主人的意识从根本上讲是自我毁坏的。由于主人已经将自我意识的源头彻底破坏，因此他就再也无法获得自我意识了。

在《法哲学原理》中，黑格尔又对这一故事作了轻微改动。同主奴辩证法以生死争斗为开端一样，他在论述抽象法的开头，就展现给我们一个还未建构起社会和政治形态的世界。在这个世界中，一场所有人对所有人的战争正在上演。然而，这一次黑格尔并没有引入统治和奴役的辩证法，而是直接消解了这一浮士德式的对立。他指出，通过一个社会契约，每一个人承认他人平等地占用自然物的权利。沿着这一思路，黑格尔描述了通过彼此承认来确立抽象财产权的这一发展过程。不过需要注意，尽管这一社会契约能够将人类带入社会之中，但是它并不能为人类权利提供一个道德基础。在黑格尔看来，这些权利所涉及的仅仅是人类意志的外化，而不是其意志的内在或道德成分。为了解人类是怎样获得道德身份的，我们必须转入黑格尔客观精神发展过程的第二个阶段。

在论述道德（Moralität）的时候，黑格尔将道德权利界定为每个人的特殊意志与作为普遍性的意志的理念相一致。对于黑格尔来说，只有普遍性是理性，而道德权利由理性行为构成。因此，为了实现道德上的自由，个人必须基于理性来决定自己的行为。他们必须在其个人特殊意志内发现普遍意志，在他们自身的理性中发现普遍理性。的确，只有当特殊与普遍完全同一时，个人才能为他们自己制定道德法则。当个人成为理性意志支配的自主行动者时，他们才能达到道德上自主存在的境界。如果他们选择追求自己反复无常的私人目的，那这些人就仍然是他律的。

因为康德的理论在前文已经作了论述，所以这些观点看起来应该相当熟悉。但是黑格尔断言，康德的道德学说并没有到达精神之旅的顶峰。实际上，黑格尔批判了康德推导道德的认识论基础（即知识和系统性学习的先验基础）的尝试。与康德相反，黑格尔坚持认为，在实践上以及在原则上不可能推导出适合任何时间和地点，适用于所有人的普遍的和必然的法，来控制和规范他们经验的伦理领域。事实上，

《现象学》本身有理由被视为一种尝试，用来证明单一的、普遍的和永恒不变的意识形式，即康德所谓的"心灵的普遍范畴"是不存在的。相反，黑格尔也像赫尔德和洪堡那样，将分析聚焦于意识的发展和转变，即在不同地方、不同时间和不同的人那里所呈现的意识形式的变化。

在理查德·罗蒂（Richard Rorty）看来，黑格尔留给19世纪的最重要的遗产源于其思想中的历史（historicist）维度。罗蒂告诉我们：

> 黑格尔使得康德的哲学理想看上去还停留在一种杂乱无章的知识层面。黑格尔已经将由每一个新词语、新流派、新形式以及新的辩证综合所取得的深刻自我确定性分析得十分透彻，这使我们感觉到现在，至少说是第一次我们抓住了事物的本质。黑格尔还清晰地阐述了为什么这种确定性持续的时间非常短暂。他也同时向人们展示出激情，这个在每一代人身上都挥之不去的东西，是如何通过产生冲动而为"理性的狡计"（the cunning of reason）服务的，而这种冲动则是使一代人走向自我牺牲和转变的助推器。⑤

黑格尔对历史和哲学的不确定性的认知，极大地影响了他的伦理理论。例如，黑格尔反对康德的绝对命令（categorical imperative），他认为是在一种特殊社会历史环境中的实践界定了人们的"伦理生活"（sittlichkeit）。

黑格尔对伦理生活的界定，基本上与其政治文化思想联系在一起。伦理就是一个民族的政治制度、具体行为、传统和文化实践这四者的内在联系。黑格尔认为，政治制度的政体与一个国家随着时间而发展的社会文化结构存在着辩证的联系。然而，是否能够将政治文化准确地描述为一种辩证的整体，其中的每一部分都十分恰当地被安置于统一体之中，这一说法起码是成问题的。实际上，将一个民族的伦理生活描述为一种多元性或许更为准确，这种多元性包含着在历史上和语言上发展起来的文化差异，这些差异既相互联系又相互排斥。⑥正如罗蒂指出的，尽管黑格尔强调了诸如文化的多元性以及历史的偶然性这些主题，但他在政治文化整体和历史目的论问题上，明显地采用了模糊原则。在目的论中，他指出客观精神的最高实现形式是现代国家的伦理生活。而对于整体而言，他认为是国家的现实制度整合了那种据说是现代人所经历的分裂和矛盾。

黑格尔在尝试描绘这一整体的图景时，也回应了那些德国浪漫主义作品中常见的对回到古希腊式和谐的各种吁求。例如，弗里德里希·席勒（Friedrich Schiller）描绘了在古典时代理想的和谐统一，与此形成鲜明对比的是现代世界的分裂和异化。在他的《审美教育书简》（*Aesthetic Education*）一书中，席勒认为由于文化需要更高的准确性和专门化，因此它自身也日益被整体的抽象生活侵蚀。由于每个阶级的人都只开发他们能力的某一部分，因此个人就被现实的分割状态限制住了。由此，享受就与劳作相分离，个人只不过成为他们职业的符号，社会分层得到更加严格的捍卫，而国家与它的公民之间就开始变得陌生。⑦

在《法哲学原理》中，黑格尔试图去调和现代个人在与家庭、市民社会以及政治国家的关系中所经历的内部分裂。在伦理生活的第一个阶段，家庭成员经历了源于性别差异的内部分裂。在家庭里，女性以"被动的和附属的"角色固定于亲属关系之中，而男性则与人类文明中"主动的和实质性的"事物紧密相连，与"国家的生活、学习的生活、劳动的生活和与外在世界的斗争的生活"密切相关。⑧

黑格尔将安提戈涅（Antigone）的悲剧作为这样一种内在分裂的表现。对安提戈涅与克瑞翁（Creon）的斗争来说，尽管在索福克勒斯（Sophocles）的戏剧中可能很难找到任何形式的调和，不过在黑格尔辩证法戏剧中总会出现一个大团圆结局。⑨家庭中结构和伦理的分化在迈向伦理整体的同时，已经被消解于客观精神的目的论发展过程之中，这时的客观精神已经在市民社会显现出来。

在市民社会中，人们为满足家庭的外在需要而努力奋斗。同时，人们也学会了表达自己的个体性。然而，当他们在与他人争夺对物品的占有和承认时，分裂就再次凸显出来。不过，就像在安提戈涅的例子中一样，辩证的统一很快就克服了市民社会中的这种竞争性分裂。为了追求自身利益，个人学会承认需要依赖他人来满足自身的需要。这样，就像亚当·斯密（Adam Smith）那只"看不见的手"（invisible hand）一样，黑格尔的"理性的狡计"（cunning of reason）就创造了社会中相互依赖（interdependence）的条件。[10]

通常，市民社会以社会分化的三种形式为标志。从劳动的分化中，黑格尔阐明阶级结构的基础并不是按出生来确定，而是属于个人的自由选择。随后，在他们对自己阶级身份的认知中，个人认识到他们自己是权利的拥有者，而且所拥有的权利并不只是抽象的，而是在司法当局获得权威性的。最后，通过司法系统的建立，个人权利作为在世界中存在的事实，以法律的形式确定下来。为防止个人福利的权利受到侵犯，警察产生了。为促进并保护个人在行业中追求自己利益的权利，同业公会（corporation）就建立起来了。

市民社会中的个人仍然把自己视为特殊意志，体现于阶级地位的特定工作、由司法当局所保障的特殊权利，以及由同业公会来促进的特殊利益，虽然这些特殊性采取了普遍的形式。在这个阶段，社会整体的普遍利益并不是个体意识的一部分。所以，黑格尔在《现象学》中批评市民社会只是一种"有产者动物园"（bourgeois zoo）。[11]对此时的个人来说，除了自己的特殊性，在生活中没有更重要的意义，所以，他们还不是一个民族，而仅仅显示为不同阶级的组合。

正如我们在黑格尔的书中所看到的，只有在现代国家中，一个民族的政治文化才作为伦理实体得以完全实现。一方面，政治制度保护和保障市民社会成员个体的特殊利益；另一方面，作为公民，人类实现了对国家普遍意志的认同。在黑格尔描绘其整体图景时，分工再一次成为制度安排的标志。这些制度的主要特征包括：①世袭的立宪君主，其功能是为国家的政策和法律作出最终的决定和履行形式上的批准程序；②行政权，由公务人员组成的大规模官僚机构来行使，这些公务人员的阶级利益与整个共同体的利益是一致的；③按照阶级划分的等级立法会议，它制定那些用来协调国家利益与市民社会利益的法律。

通过王权、行政权和立法权三者的协调行动，黑格尔宣告，"精神"已经在国家中得到充分实现。黑格尔认为，国家作为伦理整体实现了将文化实践和政治行为、传统和理性、独立和义务，以及自由（liberty and freedom）[1] 的完美结合。在到达政治哲学的巅峰之后，黑格尔总结道，现在，客观精神历史的最后一个篇章可以终结了。

注释

① G. W. F. Hegel, *Grundlinien der Philosophie des Rechts*, in *Sämtliche Werke*, ed. Georg Lasson（Leipzig: Felix Meiner, 1930），187: 157. Citations refer

---

[1] 作者在这里使用 "liberty and freedom"，两者在英文中并没有多大区别，都是 "自由" 的意思。——译者注

to paragraph and page.

② G. W. F. Hegel, *Grundlinien der Philosophie des Rechts*, in *Sämtliche Werke*, ed. Georg Lasson（Leipzig：Felix Meiner, 1930）, 258：195.

③ G. W. F. Hegel, *Grundlinien der Philosophie des Rechts*, in *Sämtliche Werke*, ed. Georg Lasson（Leipzig：Felix Meiner, 1930）, 258：196.

④ Hegel, *Phänomenologie des Geistes*, in *Sämtliche Werke*, ed. Johannes Hoffmeister, Band 2, 141.

⑤ Richard Rorty, *Consequences of Pragmatism*（Minneapolis：University of Minnesota Press, 1982）, 154.

⑥ 关于这一点，请阅读 Michael Brint, *Tragedy and Denial：The Politics of Difference in Western Political Thought*（Boulder, Colo. : Westview Press, 1991）。

⑦ Friedrich Schiller, *Über die Ästhetische Erziehung des Menchen*, in *Schillers Werke*, ed. J. Peterson and G. Fricke（Weimar：Böhlaus, 1943 – 1976）, Band 20, 321 – 324. 关于德国传统中异化和整体的概念，请阅读 *Schiller, Hegel, and Marx*（Montreal：McGill-Queen's University Press, 1982）。

⑧ Hegel, *Philosophie des Rechts*, 166：144 – 145.

⑨ 想对黑格尔关于索福克勒斯的安提戈涅的观点进行批判性的阅读，请阅读 Michael Brint, *Tragedy and Denial*, Chapter 7。

⑩ Hegel, *Philosophie des Rechts*, 182：154.

⑪ 罗伯特·所罗门使用了这一贴切的描述作为捕捉黑格尔市民社会概念的核心精神的一种方式，请阅读 Robert C. Solomon, *In the Spirit of Hegel*（New York：Oxford University Press, 1983）, 516 – 522。

第五章　卡尔·马克思著作中的
浮士德式辩证法

　　当然，根据卡尔·马克思（Karl Marx）的说法，黑格尔所描绘的"精神旅程"（Geist-journey）还远未达到终点。在马克思看来，黑格尔的国家概念中充满了矛盾。马克思指出，黑格尔所描述的国家并非一个统一的整体，而只是掩饰了一直存在于社会、经济和政治三个领域之间的内在张力。马克思通过分析上述张力，充分把握住了那个从歌德时代开始的社会变革逻辑所内含的悲剧性结构。马克思认识到，对每一次创新而言，都必然地和无法避免地存在着破坏性因素。然而在最后，面对这个悲剧性的逻辑，马克思仍然强调以他那共产主义的救世图景来实现救赎的主题。

　　马克思在其思想发展的不同阶段，对政治文化给予了不同的估价。在一些早期著作中，他强调，人类作为其生活于其中的文化、经济和政治的创造者的积极角色。在分析这一问题时，马克思在《1844 年经济学哲学手稿》（*Ökonomisch-philosophische Manuskripte aus dem Jahre 1844*）中援引黑格尔的"主奴"角本。人们记得，黑格尔关于这一问题的论述将人类劳动描述为观念的对象化（objectification），并且，在意识的支配下，劳动通过改变物质现实来塑造人类的认知能力。

马克思从两个重要方面对黑格尔的上述观念进行改造。第一，与黑格尔片面强调认知（cognition）不同，马克思将劳动过程看作人类创造性能力在知觉和感觉（sensuous）两个方面的表现。和此前的赫尔德一样，马克思也批判了普遍存在于德国哲学传统中的所谓感性和理性二元论。第二，或许是更为重要的一点，马克思区分了黑格尔所理解的对象化的劳动，以及在其中劳动成为人类异化（alienation）表现的条件。马克思采用黑格尔自身的范畴来阐明这一区别，他写道：

> 工人生产的财富越多，他的产品的力量和数量越大，他就越贫穷。工人创造的商品越多，他就越是变成廉价的商品。物的世界的增值同人的世界的贬值成正比。这一事实不过表明：劳动所生产的对象，即劳动产品作为一种异己的存在物，作为不依赖于生产者的独立力量，是同劳动者相对立的。劳动的实现就是劳动的对象化。在国民经济学以之为前提的那种状态下，劳动的

这种实现表现为工人失去现实性，对象化表现为对象的丧失和为对象所奴役，占有表现为外化、异化。①

在《1844 年经济学哲学手稿》（简称《手稿》）中，马克思区分了四种异化形态。他根据以下两个方面来依次考察异化：①"工人同劳动产品这个异己的、统治着他的对象的关系"；②"在劳动过程中劳动同生产行为的关系，这种关系是工人同他们自己的活动——一种异己的、不属于他的活动——的关系"。②由于劳动的对象不依赖于并且转过头来反对那些创造了它们的劳动者，所以，工人就失去了对自身生命活动的手段和过程的控制。

在更为具体的生产情形中，马克思从自然和"类的存在物"（species being）两个方面来继续考察异化。其他动物在自然的指引下指向特定的生产目的，与此不同，只有人类有能力自由地对待其产品，根据美的原则去塑造它们，并且根据他们具有创造力的想象去改造自然本身。"因此，劳动的对象是人的类生活的对象化（the objectification of man's species life）：人不仅像在意识中那样理智地复现自己，而且在现实中能动地复现自己，从而在他所创造的世界中直观自身。因此，异化劳动从人那里夺去了他的生产的对象，也就从人那里夺去了他的类生活（species life）。"③

最后，"人从自己的劳动产品、自己的生命活动、自己的类本质异化出去这一事实所造成的直接结果就是：人与人相异化"。④马克思在这里的评论直接联系到他对现代政体结构的批评。他指出，这些基于个人权利的政体，从制度上迫使人类彼此之间异化。在批判《人权和公民权宣言》第六条时，马克思如此说：

> 自由就是从事一切对别人没有害处的活动的权利。每个人所能进行的对别人没有害处的活动的界限是由法律规定的，正像地界是由界标确定的一样。这里所说的人的自由，是作为孤立的、封闭在自身单子里的那种人的自由。自由作为一种权利，并不是建立在人与人结合起来的基础上，而是建立在人与人分离的基础上。这项权利就是这种分离的权利，是狭隘的、封闭在自身的个人的权利。⑤

与洪堡和贡斯当等思想家的观点相反，马克思认为异化的政治文化比个人自由权利的制度化影响更大。这种文化的异化不仅牵涉到一个民族对他们政体的主观倾向，他进一步指出，在这样一种制度结构中，异化的政治文化会变为一种政治异化的文化（a culture of political alienation）。这种异化意味着，其成员进入政治结构的机会和支配政治权力的资格被系统性地剥夺了。与他对经济异化的分析十分相似，马克思对政治异化的判断聚焦于一个民族的疏离，这种疏离既产生于政治权力的对象及其运行过程中，也更为普遍地产生于他们集体地控制他们政治命运的能力之中。

在很多重要的方面，马克思所提出的观点都能让人联想起卢梭所描绘的现代社会图景：在现代社会中，个人"无论是对自己还是对他人而言都是陌生的"。[⑥]卢梭指出，由于缺少公共生活，他们被抛弃在"一个人人都只为自己的利益着想而无人考虑共同的善"的世界里，而且在这个世界中，"人与人之间的利益往往是冲突的"。[⑦]马克思虽然很明显地借鉴了卢梭对现代资本主义社会中赤裸裸的自我利益的批判，但同时，马克思对卢梭的共和国理想也提出了质疑。

马克思指责说，卢梭仅仅提出了与现代社会条件下的人类实际行为方式相对照的真正道德公民的讽喻。因此，"只有利己主义的个人才是现实的人，只有抽象的公民才是真正的人"。[⑧]但是，他指出，"只有当现实的个人同时也是抽象的公民，并且作为个人，在自己的经验生活、自己的个人劳动、自己的个人关系中间成为'类的存在物'（species being）的时候，只有当人认识到自己的'原有力量'（forces propres）并把这种力量组织成社会力量，因而不再把社会力量当作政治力量跟自己分开的时候，只有到了那个时候"，人类解放才能实现。[⑨]

马克思在论证人类作为生产者不应该将他们的社会（经济）能力从他们的政治能力中分离出来的时候，也在含蓄地批判了黑格尔哲学中对市民社会和政治国家之间所做的制度性划分。在《法哲学原理》中，黑格尔试图去建构一种能够将市民社会中的个人自由与国家中的公民道德自由统一起来的制度结构。马克思指出，或许黑格尔已经准确描绘了现代国家的结构，但是他并没有解决更为根本的自由的二重性（bifurcation of freedom）问题。而且，黑格尔得出的制度化的结论看起来像是解决了人的异化问题，而实际上则是未加批评地接受了人的异化。

　　为了更好地证明这一点，让我们来看看马克思是如何揭示黑格尔的等级会议（the Assembly of Estates）角色存在的实质性矛盾的。一方面，各个等级都被说成是市民社会利益（土地贵族和工商业等级的利益）的代表。但另一方面，各个等级的成员又被认为能够为整个政治共同体的普遍利益而自愿放弃他们市民阶级的利益。这样，他们在同一时间，既是自己阶级利益的代表，又不是自己阶级利益的代表；既是国家的代理人，又不是国家的代理人；既是市民社会的成员，又不是市民社会的成员。在马克思看来，这一本质上的二元性表现了个人（市民社会的成员）与公民（国家的成员）之间存在的更为一般性的矛盾。

　　按照相似的思路，马克思对黑格尔关于官僚机构的定义进行了批判。黑格尔将官僚机构界定为一个封闭的同业公会，一种存在于国家中的市民社会形态，其作用是将国家的普遍目的转化为个人的私人利益。在这一定义中，市民社会中的同业公会（市民社会中联合私人利益的组织）就是国家中的官僚机构的相对物，而政治国家中的官僚机构也就相当于市民社会中的同业公会的相对物。虽然这两种机构都肯定了在普遍形式之下的特殊利益的首要性，但是不管怎么说，国家的利益和同业公会的利益仍旧是根本对立的。因而，它们之间的关系就可以成为国家与市民社会之间二元性的制度化的一个特殊例子。

最后，马克思分析了被视为国家普遍性的意象的君主的作用。在马克思看来，君主制仅仅是一个变异品种，偏离了民主统一性的真正精神。他坚持认为"民主制是君主制的真理"，"在君主制中，整体，即人民，从属于他们存在的一种方式，即他们的政治制度。在民主制中，国家制度本身就是一个规定，即人民的自我规定"。[10]最后，马克思指出，只有通过实行人民集体自决的民主制，由历史所决定的国家与市民社会之间的现代二元性（包括经济与政治之间的分裂状态）才能够真正被消除。只有通过这种办法，人类才能够克服他们内在的分化和异化。也只有到那时，他们才能够作为他们赖以生存的世界的创造者，将他们知觉和感觉的能力真正展现出来。

在《共产党宣言》（*Manifest der Kommunistischen Partei*）和《德意志意识形态》中，马克思关于政治文化的观点与之前相比发生了一些变化。在这些著作中，马克思开始抬高政治经济学这一主题的地位，特别是其与人类历史的固有逻辑之间的关系。而无论是文化还是政治都越来越被看作是一种附带现象，是由社会的经济基础生发出来的东西。有人也许会理所当然地去批判支撑这种政治文化观点的前提假设。因为有一点是极其不明确的，那就是一个社会的物质组织和经济组织能否单独提供一个独立的基础，而政治和文化的行为只有凭借这一基础才能够被解释清楚。⑪但是，如果换一个角度，《宣言》（《共产党宣言》简称）也许可以被看作是一篇强有力的政治和文化叙事。就这点而言，它作为一部政治诗篇要比它作为一篇哲学论文更令人感兴趣。

在《宣言》中，一幅浮士德式的景象——人类历史无法阻挡的悲剧——呈现在我们面前。和歌德一样，马克思对伴随着所有革命的不可避免的破坏有着深刻理解。他和恩格斯描述了资产阶级革命，指出革命所得到的一切是"无情地斩断了那些使人依附于'天然的尊长'的形形色色的封建羁绊"。⑫取代这些羁绊的，是"人和人之间赤裸裸的利害关系，即冷酷无情的'现金交易'，此外再也找不到任何别的联系了"。⑬但是，它也向世界注入了一股新的活力和能量。

> 资产阶级如果不使生产工具经常发生变革，从而不使生产关系，亦即不使全部社会关系经常发生变革，就不能生存下去。一切陈旧生锈的关系，以及与之相适应的古代的、素被尊崇的见解和观点都垮了；而一切新产生的关系，也都等不到固定下来就变为陈旧了。一切等级制和停滞的东西都消散了，一切神圣的东西都被亵渎了，于是人们最后也就只好用冷静的眼光来看待自己的

生活处境和自己的相互关系了。⑭

　　正如马歇尔·伯曼（Marshall Berman）所提醒我们的：
这一段话表现了明显的浮士德式的特征。⑮让我们回到歌德的
杰作——《浮士德》中，以浮士德在第二部分的第五幕结
尾所说的话为例。浮士德想象着他自己创造的世界，说道：
"我为几百万人开拓出疆土，/不尽安全，却可勤劳而自由地
居住。/这无疑是智慧最后的断案，/只有每天争取自由和生
存者，/才能够享受自由和生存。/所以在这儿要有环绕着的
危险，/以便少年、壮年和老年人都过着有为之年。/我愿看
见这样熙熙攘攘的人群，/在自由的土地上住着自由的国
民。"⑯

　　仍然沉浸在这幅图景中的浮士德，听到了背景中掘墓人
的歌唱。然而浮士德不知道的是，这些掘墓人准备的正是他
的葬礼。怀着一种类似的心情，马克思和恩格斯写道："资
产阶级首先生产的是它自身的掘墓人。资产阶级的灭亡和无
产阶级的胜利同样是不可避免的。"⑰正如资产阶级革命摧毁
了一切封建的社会关系一样，无产阶级也终将战胜资产阶
级。在这里，马克思和恩格斯提出了一种救赎的办法以终结
历史的悲剧性逻辑。

　　正如我们已经看到的，在马克思的早期著作中，他特别
重视与人类的生产力相联系的异化这一主题。在《宣言》
中，他和恩格斯又强调了与历史逻辑无法阻挡的展开联系在

110

一起的经济组织的结构问题。正如人们所期待的那样，在马克思晚期的著作中，他将这些主题融合进辩证的统一体之中。关于这一点，我们可以来看一下马克思在《资本论》（*Das Kapital*）第一卷中对商品拜物教（commodity fetishism）的分析。

文章一开篇，人们就注意到，马克思提出了一个非常特别的商品拜物教的概念。我们来看一下他的定义：

> 很明显，人通过自己的活动按照对自己有用的方式来改变自然物质的形态。例如，用木头做桌子，木头的形状就改变了。可是桌子还是木头，还是一个普通的可以感觉的物。但是桌子一旦作为商品出现，就转化为一个可感觉而又超感觉的物。它不仅用它的脚站在地上，而且在对其他一切商品的关系上用头倒立着，从它的木脑袋里生出比它"自动跳舞"（table-turning）还奇怪得多的狂想……在那里，人脑的产物表现为被赋予生命的、彼此发生关系并同人发生关系的独立存在的东西。我把这叫作（商品）拜物教。[18]

在马克思的叙述中，商品是有其自身属性的。实际上，马克思对商品的描绘本身就不是从人类的视角，而是从他们所崇拜的对象——商品的角度出发的。假如商品能够说话，马克思写道："我们的使用价值（use-value）也许使人们感到兴趣。作为物，我们没有使用价值。作为物，我们具有的是我们的价值。我们自己作为商品物进行的交易就证明了这一点。我们彼此只是作为交换价值（exchange-values）发生关系。"[19]

在马克思的分析中，他提出了一种从商品角度来理解的资本主义现象学。马克思将主客体关系反转过来，从而能够准确地反映人们在他们世界中理解以及行动的方式。人们由于失去了作为主体的权力，他们就逐渐变成了商品的对象。这种转变是真实的，同时也是在一种比喻意义上来说的。实际上，意义和价值（在马克思看来这些往往是人类和社会的标记）从来都不属于这些对象的固有本质。

通过对主客体关系的转变，马克思抓住了在他早前的著作中经常出现的异化的本质。但同时，他又将这一观点整合进对一般意义上的资本主义结构的分析，以及在特殊意义上的剩余价值（surplus value）的思想之中。实际上，根据经典马克思主义经济学，"剩余价值"本身取决于商品的劳动（或使用）价值与交换价值之间的差异。这样，马克思就把劳动中（以利润或剩余价值的形态表现出来）的剥削与商品拜物教联系在一起了。从更广泛的意义上来讲，马克思描绘了一种异化的文化，这种异化的文化体现在由资本主义的结构性动力带来的运动之中。另外，正如他在《德意志意识形态》和《宣言》中描绘的那种终会带来解放的无法阻挡的历史逻辑一样，马克思以一幅人类超越必然王国的图景结

束了他对资本主义的研究。马克思预见到"作为本身就是其
目的的人类能力的发展"。"在这个王国的彼岸,"他写道,
"真正的自由王国就开始了"。㉓但它仅仅发生在历史的终点,
正如我们所知道的那样。

注释

① Karl Marx, *Ökonomisch-philosophische Manuskripte aus dem Jahre 1844*, in *Ausgewählte Werke*, ed. Richard Sperl (Berlin: Dietz, 1981), Band 1, 83 – 84.

② Karl Marx, *Ökonomisch-philosophische Manuskripte aus dem Jahre 1844*, in *Ausgewählte Werke*, ed. Richard Sperl (Berlin: Dietz, 1981), Band 1, 87.

③ Karl Marx, *Ökonomisch-philosophische Manuskripte aus dem Jahre 1844*, in *Ausgewählte Werke*, ed. Richard Sperl (Berlin: Dietz, 1981), Band 1, 90.

④ Karl Marx, *Die Judenfrage*, in Karl Marx, Friedrich Engels, *Historisch-kritische Gesamtausgabe*, ed. David Rjazanov (Berlin: Marx-Engels Verlag, 1932), Band I/i, 585.

⑤ Karl Marx, *Die Judenfrage*, in Karl Marx, Friedrich Engels, *Historisch-kritische Gesamtausgabe*, ed. David Rjazanov (Berlin: Marx-Engels Verlag, 1932), Band I/i, 593 – 594.

⑥ Rousseau, *Oeuvres*, Tome 3, 254.

⑦ Rousseau, *Oeuvres*, Tome 2, 234.

⑧ Marx, *Die Judenfrage*, 598.

⑨ Marx, *Die Judenfrage*, 599.

⑩ Karl Marx, *Kritik des Hegelschen Staatsrechts*, in *Marx Engels Werke*, ed. Institut für Marxismus-Leninismus (Berlin: Dietz, 1964), Band 1, 230.

⑪ See, for example, Michael Thompson, Richard Ellis, and Aaron Wildavsky, *Cultural Theory* (Boulder, Colo: Westview Press, 1990), 147 – 161.

⑫ Karl Marx and Friedrich Engels, *Manifest der Kommunistischen Partei*, in *Ausgewählte Werke*, ed. Richard Sperl (Berlin: Dietz, 1981), Band 1, 419.

⑬ Karl Marx and Friedrich Engels, *Manifest der Kommunistischen Partei*, in *Ausgewählte Werke*, ed. Richard Sperl (Berlin: Dietz, 1981), Band 1, 419.

⑭ Karl Marx and Friedrich Engels, *Manifest der Kommunistischen Partei*, in *Ausgewählte Werke*, ed. Richard Sperl (Berlin: Dietz, 1981), Band 1, 419 – 420.

⑮ See Marshall Berman, *All That Is Solid Melts into Air* (New York: Simon and Schuster, 1982), 87 – 131.

⑯ Johann Wolfgang von Goethe, *Faust*, trans. Cyrus Hamlin (New York: W. W. Norton, 1976), lines 11565 – 11582.

⑰ Marx and Engels, *Manifest*, 429.

⑱ Marx, *Das Kapital* (Erster Band) in *Historisch-kritische Gesamtausgabe*, Band 6/1, 102 – 103.

⑲ Marx, *Das Kapital* (Erster Band) in *Historisch-kritische Gesamtausgabe*, Band 6/1, 112.

⑳ Marx, *Das Kapital* (Dritter Band), in *Marx Engels Werke*, Band 23, 828.

第六章　哪个韦伯？谁的韦伯？

在对政治文化的研究上，马克斯·韦伯（Max Weber）与卡尔·马克思（Karl Marx）之间存在着知识上的深刻而广泛的分歧。比如，与马克思提出的单一的经济决定论不同，韦伯强调多种因素——韦伯所称的"选择性的相关"（elective affinities）——都可以用来解释社会行动。在《经济与社会》（*Wirtschaft und Gesellschaft*：*Grundriss der Verstehenden Soziologie*）的开篇，韦伯就将社会学（sociology）定义为"对社会行动进行诠释性的理解"。[①] 在韦伯看来，所谓"行动"（action），包括所有被行为个体赋予主观意义（subjective meaning）的人类行为（behavior）。当这些主观意义关涉并且指向他人的行为时，这种行动就被认为是"社会的"（social）。

就与政治文化相关的内容而言，韦伯最为著名的是他将这些定义用于论证服从几种政治权威的内在理据（inner justification）。在将国家描述为在一定疆域之内成功地据有对正当地使用暴力的垄断权的人类共同体的同时，韦伯提出了国家统治合法性的三种类型。②第一种是求诸"通过古人的承认和人们的服从习惯，从而被神圣化了的习俗的权威"（传统型，traditional）；第二种凝聚于不同寻常的个人的超凡能力（查理斯玛型或超凡魅力型，charismatic）；第三种是依靠合法性进行统治（法理型，legal-rational）。③

　　韦伯的基本社会学概念及其对政治权威的分析，对当代政治文化研究的许多方法产生了深远影响。然而，这些形形色色的对韦伯的诠释性理解不仅仅是彼此不同，而且经常是完全对立的。有鉴于此，该如何理解韦伯的问题就变成了理解"哪一个韦伯"？或者说，也许更加重要的是，我们应该诠释"谁的韦伯"？

　　举例来说，韦伯的理论已经被认为是克利福德·格尔茨（Clifford Geertz）政治文化研究的象征和解释主义路径的前提。格尔茨给出了他自己的文化定义："马克斯·韦伯提出，人是置身于由他自己所编织的意义之网中的动物，我本人也持相同观点，我以为所谓文化就是这样一些由人自己编织的意义之网，因此，对文化的分析不是一种寻求规律的实验科学，而是一种探求意义的解释学。"④这些意义之网并非表现为一个个孤立的和分离的现象，进而被同样超然的观察者分析。相反，正如人类通过解释活动来了解他们的世界一样，这些意义之网也应该根据它们是从何处以及怎样被赋予到社会实践中的来理解。在社会生活中，意义的确有着非常重要的作用，因为正是通过这些"意义"（meanings），一个文化中的成员才能在频繁的社会实践和经验中彼此感知和理解。⑤

人类学家的任务是通过在它们微妙且零散的特殊性中对它们进行描述，从而解释和理解这些"意义"。格尔茨沿用吉尔伯特·赖尔（Gilbert Ryle）的说法，将之称为"深描"（thick description）。在强调这一任务的"解释"方面时，格尔茨写道："一个民族的文化是一种文本的集合，是其自身的集合，而人类学家则努力越过那些它们所属之人的肩头去解读它们。"⑥

在格尔茨早期的一篇文章中，他曾用这种解释主义的方法来分析政治文化的主体。在这篇文章中，通过关注"二战"后新兴国家里"公民政治"的形成，他考察了"被假设是给定的社会存在"（assumed givens of social existence）——这些新兴国家中的人民用来理解自身文本集合的方式⑦。这些给定的社会存在不仅包括"直接毗邻和亲属关系"，此外，"给定性还源自出生于特殊的宗教团体，说特殊的语言，甚至是一种方言，还有特殊的社会实践，等等"。⑧在格尔茨看来，要冲破这些与公民情感相冲突的"原生依附"（primodial attachment）场景从而建立起一种公民的联合体，是这些新兴国家面临的首要挑战。

由于格尔茨只尝试描述了民族对自身文本之集合进行理解的方式，所以他的人类学也许落入了人种志的唯我论（ethnographic solipsism）立场——一种否定通过跨文化分析建立一般化分析框架之可能性的立场中。但是，格尔茨指出这种跨文化比较的确是可能的。而且实际上，解释人类学就是致力于在各种社会和文化之间建立起一种对话。⑨但同时我们也要注意，对于那些假设文化之间存在同一性，并在此基础上进行跨文化分析的学者，格尔茨也持批判态度。他认为将各种文化视为"相同的"就好像在说世界语（Esperanto），对于体现文化的独特性毫无帮助。从这方面来看，和马克斯·韦伯一样，格尔茨也尝试界定这样一种理论立场，它居于唯我论的无端担忧与抽象普遍主义的无益断言之间。

在格尔茨晚年的文章中，以象征形式表达的术语（the idiom of symbolic form）对于这一中间立场的建构发挥了主要作用。象征是"概念的可感知的形式，是固化在可感觉的形式中的经验抽象，是思想、态度、判断、渴望或信仰的具体体现"。研究文化行为——"在这些行为中象征有了明确的内容"，因而不能被理解为"放弃社会分析代之以柏拉图式的洞穴幻象"。它并不是要"进入一个内省心理学的唯灵论世界中，或者更糟，进入思辨哲学中"。相反，象征形式就像其他任何社会事件一样，"它们就像婚姻一样是大众化的，就像农业一样是可见的"。⑩

格尔茨在探讨韦伯关于超凡魅力型权威的观点时，使用象征分析建立了一种跨文化比较的立场。他依次对16世纪持基督教新教信仰的英国、14世纪印度教的爪哇社会和19世纪秉执伊斯兰教信仰的摩洛哥人的仪典进行了描述。通过这些仪典，国王们获得对其王国的象征性拥有。他指出，在这些文化中，同样也在其他文化中，权力的表达术语可能是不同的，就像支撑这些术语的意识形态预设也可能是不同的，但总会存在一种术语，它能反映出"这一事实，那就是一个社会里统治人物的超凡魅力与那些反对此类统治之人的超凡魅力具有共同的来源"。⑪

格尔茨对超凡魅力型权威所进行的象征性解释，体现了韦伯思想中的一个重要维度。但是，"就像韦伯社会学中的许多关键性观念一样"，格尔茨承认，"超凡魅力的概念承受着一种所指不明的困扰，它是象征着一种文化现象，还是一种心理现象呢"？以莎士比亚的《李尔王》（*King Lear*）第一幕第四场的一个片段为例。肯特（Kent）化装成工人来服侍国王，他走近国王：

李尔：你认识我吗？

肯特：不，大人。可是在您的神气之间，有一种什么力量，使我愿意叫您做我的主人。

李尔：是什么力量？

肯特：一种天生的威严。

将这一片段放进韦伯对权力分析的语境中，问题就出现了：肯特的话应该被作为一种臣子对国王的心理学倾向来解释，还是应该从国王权力的象征意义上来解释？

当然，韦伯认为应该同时使用这两种方法进行解释。实际上，从一般意义上来说，韦伯对超凡魅力型权威的界定同时使用了象征的和心理学的分析方法。在格尔茨看来，这种能力：

> 将文化社会学和社会心理学冶于一炉，这种做法赋予韦伯的著作以交响乐般的复杂性以及和声般的深邃。但对于那些耳朵不适应复调的人来说，这种特征又使其具有了难以捉摸的艰涩。就韦伯而言，这种复杂性得到了适当的处理，而其难以捉摸的艰涩性也由于他将冲突性的观念杂糅一体的杰出能力而得到弥补。但是在新近的和对文本很少认真咀嚼的时代，开始出现了将其很有分量的思想浅薄化的倾向，即将其瓦解为仅仅是心理学的（维度）。[12]

塔尔科特·帕森斯（Talcott Parsons）被（通常不公平地）认为是仅仅强调韦伯思想中心理学维度的思想家。[13]在由帕森斯和爱德华·希尔斯（Edward Shils）等人合著的《建立普遍的行动理论》（*Toward a General Theory of Action*）这本具有开创性的著作中，帕森斯将行动（action）描述为行动者的主观倾向融入意义（meaning）的社会情景中的一组对象中的行为。这些对象本身可以是非社会性的（nonsocial）（自然物体或者集聚的文化资源），也可以是社会性的（个体行动者和集体行动者）。行动者对这些对象的取向（orientation）使"挑选"（selection）或"选择"（choice）成为必要。依次来说，这个选择通过行为者的"认知的取向"（cognitive orientations）（对这些对象的知识和信念）、"情感的取向"（cathectic orientations）（对这些对象的感觉）和"评价的取向"（evaluative orientations）（用于作出这些选择的标准、价值以及规范）而成为可能。[14]

加布里埃尔·阿尔蒙德（Gabriel Almond）对政治文化所进行的行为主义分析与"帕森斯－韦伯模型"（Parsonian-Weberian model）具有高度一致性。实际上，他告诉我们，"在美国，塔尔科特·帕森斯是韦伯的最主要诠释者。他早期的理论性工作就是对一些最重要的韦伯式范畴进行详细阐释和具体说明。例如，帕森斯关于行动取向的范畴以及他的模式变量，就明显是对韦伯的社会行动类型范畴更为清晰的阐发"。[16]正如我们即将看到的，遵循着这一模式，阿尔蒙德通过运用对政治制度主观取向的三种类型，进而发展了政治文化的概念。

与帕森斯式的模型（Parsonian Model）相反，韦伯的思想中也存在着质疑这种社会科学基础的一面，人们质疑这种社会科学带来了理智化（intellectualization）、祛魅、程式化以及无意义（meaninglessness）。谢尔登·沃林（Sheldon Wolin）对韦伯思想的这一面向进行了强有力的论述。通过描绘一幅能够反映出尼采"最后之人"诸元素的图景，沃林尝试证明韦伯会痛苦地认识到他的社会科学的建构与他对"无意义"的理解之间的一种合谋关系。沃林指出，在韦伯的方法论文章中：

> "无意义"受到了特别的关注，因为在现代科学对意义的来源进行破坏的过程中，无意义发挥了最重要的作用。科学已经冲击了宗教的、道德的以及形而上学的信念，而且还宣称原则上一切都可以被归结为理性的解释。这些解释不需要上帝、精神、启示以及形而上学的原则。其结果是带来一个光秃秃的世界，一个所有意义都被剥尽和抽空的世界，而对此科学从未妄称要对其进行填充。

沃林最后总结道，实际上，科学"在重建它所破坏之物时的表现是多么无力，以至于作为（qua）科学，它甚至不能证明自己的价值。它自己的活动险些就成为无意义的代名词"。[16]

"沃林的韦伯"和"阿尔蒙德的韦伯"之间的拉锯战，象征着政治文化的行为主义和后行为主义研究路径之间更加普遍的战争。正如我们在后面将看到的，这一战争对美国政治科学的文化和美国式的政治文化科学的当代历史，产生了尽管并非特别有益但却十分深远的影响。

注释

① Max Weber, *Wirtschaft und Gesellschaft: Grundriss der Verstehenden Soziologie*, ed. Johannes Winckelmann（TÜbingen：J. C. B. Mohr, 1956），Band 1, 1.

② Marx Weber, "Politik als Beruf," in *Gesammelte Politische Schriften*, ed. Johannes Winckelmann（Tübingen：J. C. B. Mohr, 1971），506. 与一个文化所蕴涵的实际存在意义相反，这些理论上的类别是理想的（ideal），因为这些类别区分了不同的主观意义，这些主观意义可以被用来定义假定的行为者与他们对政治权威的服从关系。关于韦伯对理想类型的讨论，请阅读 Weber, *Wirtschaft und Gesellschaft*, Band 1, 3。

③ Marx Weber, "Politik als Beruf," 506 – 507. Also see *Wirtschaft und Gesellschaft*, Band 2, 17 – 19.

④ Clifford Geertz, *The Interpretation of Cultures*（New York：Basic Books, 1973），5。这一探求意义的解释主义方法可以在黑格尔的同代人——弗里德里希·施莱尔马赫的著作之中找到根基。在他的《圣经》注释中，施莱尔马赫主张一种诠释技巧，试图捕捉文本里的精神以及它内在的意义。后来在同一世纪里，狄尔泰（Dilthey）将这一诠释技巧普遍化了，把它不仅仅运用于所有的文本分析，也运用于对所有人类行为的分析。尽管自然科学运用因果解释，但狄尔泰强调，人类科学应该关注于在诠释行为的内在意义之时进行缜密的考察。正是从狄尔泰那里，韦伯运用诠释路径来分析经济与社会。

⑤ 这里笔者意译了威廉·亚当斯关于格尔茨"深描的诠释学"的论述，请阅读 William Adams, "Politics and the Archeology of Meaning," *Western Political Quarterly* 39（September 1986），553。关于格尔茨对"深描"的定义，请阅读 Geertz, *The Interpretation of Cultures*, 6 – 10 and 412 – 455。

⑥ Geertz, *The Interpretation of Cultures*, 452.

⑦ Geertz, *The Interpretation of Cultures*, 259.

⑧ Geertz, *The Interpretation of Cultures*, 259.

⑨ Geertz, *Works and Lives：The Anthropologist as Author*（Stanford：Stanford

University Press, 1988）, 147.

⑩ Geertz, *The Interpretation of Cultures*, 91.

⑪ Clifford Geertz, *Local Knowledge: Further Essays in Interpretive Anthropology* (New York: Basic Books, 1983）, 146.

⑫ Clifford Geertz, *Local Knowledge: Further Essays in Interpretive Anthropology* (New York: Basic Books, 1983）, 121.

⑬ 对帕森斯的纯粹心理学解读，请阅读 Max Black's famous critique, "Some Questions about Parsons' Theories", in *The Social Theories of Talcott Parsons*, ed. Max Black（Englewood Cliffs, N. J.: Prentice-Hall, 1961）, 268 – 289, esp. 272 – 273. 格尔茨自身或许会反对这种特征，也许可以他对帕森斯的评论为例。这些评论请参见 *The Interpretation of Cultures*, 249 – 250。

⑭ Talcott Parsons and Edward Shils, *Toward a General Theory of Action* (Cambridge, Mass.: Harvard University Press, 1951）, 4 – 5.

⑮ Gabriel Almond, "The Intellectual History of the Civic Culture Concept", in *The Civic Culture Revisited*（Boston: Little, Brown and Company, 1979）, 12.

⑯ Sheldon Wolin, "Legitimation, Method, and the Politics of Theory", *Political Theory* 9（August 1981）: 416.

第三编▶ 政治文化中的美国式科学
和美国政治科学中的文化

第一章　分离的桌子：美国政治科学中的文化

1966年，当政治文化研究在美国如日中天时，时任美国政治学学会主席的加布里埃尔·阿尔蒙德所看到的是政治文化研究和行为主义趋势在政治科学中的希望。他在其主席发言中写道：

> 未来将趋向于更严格地在特定的范围内对社会和心理变量之政治影响的系统性探索，以及代表迈向现代科学重要一步的普遍性分析框架的确立……极有可能出现的情况是，忠告和警示之言难觅踪影……对这个人才众多、有才干和掌握娴熟技巧的一代人而言，未被他们预见到的尚未涉足的领域和没有探索的问题将不复存在。①

距离阿尔蒙德发表此番言论已经过去了近1/3个世纪。他在最近的文章中诊断出当前许多政治学流派患有"令人不安的分离症"（uneasy separateness）。回顾20世纪60年代初的繁荣期，他表示，"那时候，对政治科学的一个恰当比喻"是"'少壮派－老年派'模式（'young Turk-old Turk'model）"。虽然少壮派已经开始两鬓斑白，但是他继而强调，至少"我们都是同一派别"。[②]与此相反，他用泰伦斯·拉蒂根（Terence Rattigan）的《分离的桌子》（*Separate Tables*）来表达当下的令人不安的状态。"政治学的各个流派"，他告诉我们，"现在各自独坐在分离的桌子（separate tables）旁，使用着自以为恰当的政治学概念，同时保护着自己流派弱点的秘密"。[③]

阿尔蒙德认为，"我们正沿着意识形态和方法论这两个维度逐渐分离。在方法论的维度上"，"存在软和硬两个极端"（extremes of soft and hard）。[④]在"软"这一极端，文化研究据说已经被类似克利福德·格尔茨（Clifford Geertz）这样的思想家霸占。毫不奇怪，阿尔蒙德发现这样的"软"研究完全缺失概念化、研究假设，以及通过逻辑分析、可检验的证据和严密论证来证明其命题的努力。

另一方面，在"硬"的这一极端，阿尔蒙德似乎被自己的科学天才打败（甚至背叛）了。例如，在1966年，他建议政治理论家最好先建立理性选择模型。[⑤]当回顾往事时，他可能会醒悟"上帝在惩罚你之前都会满足你的欲望"。因为理性选择理论已经把阿尔蒙德的方法论逼入一种境地，那就是文化因素已不再被认为和政治行为研究有关。

在意识形态维度，阿尔蒙德认为"左"的一端被各种马克思主义传统的流派占领，其中包括批判政治理论流派、依附理论流派（dependencistas）和世界体系理论流派。这些理论家在话语方面有一个共同基础，即相信知识不能从行动中分离出去。因此在实践上，他们共同致力于用政治学推进社会主义政治目标。另外，阿尔蒙德断言"右"的一端被新保守主义、自由市场派和哈耶克式的自由派占据。他们的共同纽带是都强调国家权力的局限、自由市场的优点，以及要求采取（当前越发成为问题的）反共产主义的攻击性外交政策。

最后，在阿尔蒙德这一描述的"左""右"两个极端的中心，有一大批政治科学家。他们和阿尔蒙德类似，通常是"自由主义的"、意识形态温和的、"在方法论的信念上是折中的和开放的态度"。⑥他们在专业研究中努力控制意识形态偏见，防止自己成为先知和政治领袖。正如阿尔蒙德所称，那些在"餐厅中心"的成员都"推崇客观性"以及"混合的方法论"。⑦

他感叹道，在当前的"分离症"中，过多的关注被集中于政治学的边缘领域，集中于分离的桌子，而不是学科的中心。"这个学科餐厅的偏远的桌子光鲜亮丽，而广阔的中心却陷入阴影。不幸的是，政治学这一学科的氛围和声誉受到这些极端观点的严重影响。"⑧从阿尔蒙德的角度来看，我们必须将光芒重新聚焦于中心的大餐厅。

阿尔蒙德的话确实捕捉到了彼此孤立和敌对的离奇组

合，处于分离的桌子不同位置的众人也都感觉到了这一点。他很好地描述了所有流派都存在缺陷的这种普遍感觉，"餐厅中心"的形象也为其使用的修辞（rhetoric of appropriation）提供了基本隐喻策略。这种修辞策略根据的信念，就是控制隐喻语言和话语实践会有助于控制政治学的文化。这在学科中屡见不鲜，因为专业领域里的共识极为稀少，那么大量的隐喻被加以使用就不足为奇了。例如，在过去几年里，这一学科已经不仅仅使用阿尔蒙德的"餐厅"隐喻，还使用了"海岛跳跃者（island hoppers）的国际经济学"、"乡村俱乐部"（Country Club），甚至"巴厘岛斗鸡"（Balinese cockfight）等隐喻。[9]

当然，就"海岛跳跃者"（island hoppers）、"乡村俱乐部"和"巴厘岛斗鸡"这些不同的隐喻来说，使用它们来描述政治科学的状况并没有什么内在错误。事实上，不同隐喻所展现的冲突观点可能起到批判性和建设性的功能。这种冲突刺激我们批判性地反思自己的特性。它意味着学科领域的多样性和丰富性，而且，它甚至可能扮演着重要角色，带领我们探索政治科学视野里的新路径或新声音。但不幸的是，太多的学者像阿尔蒙德一样使用这些隐喻只是为了赶时髦。在阿尔蒙德那里，使用这种修辞是为了赋予中心理想以优先性。

换言之，随着 20 世纪 30 年代兴起的对专业化的日益重视，人们感到，在美国政治科学文化中出现了日益增长的分裂。实际上，在 1965 年，正是在阿尔蒙德称赞美国政治学革命的前一年，美国政治学学会主席戴维·杜鲁门（David Truman）就告诫说学科的分裂将要发生，这源于那些从事分支学科和特殊领域研究的学者们之间缺乏普遍共识。⑩自那之后，专业化持续增长。事实上，美国政治科学学会现在已经承认近 24 个主要分支学科。无疑，伴随这一发展进程，学科的分裂已然愈演愈烈。

　　似乎至少有两种方法来解决"分离的桌子"般的"碎片化"问题，重新整合学科。一种是找到政治学适当目标的统一愿景，借此确定整合所聚焦的基本中心。这种方法会导向阿尔蒙德的"餐厅"。另一种方法更具包容性，那就是鼓励那些使用其特殊的专业知识研究共同主题或问题的各派学者之间进行批判性的对话。在对上述共同主题研究工作完成后，对政治文化的研究本身可能会成为这样一个主题。

　　类似于阿尔蒙德的"餐厅"，重新整合的第二种方式也可以用来自烹饪艺术的隐喻词汇来描述。在希腊，它是畅饮美酒的伙伴聚集的地方。在意大利，它被称为飨宴（convivo）。而在法国，人们使用"盛宴"这个词来形容它。在柏拉图和色诺芬的论述中，我们发现了专题讨论会的起源，它是各持己见的人围绕同一辩论主题在一起的欢闹宴饮。在但丁的《飨宴》（*Il Convivo*）中，哲学思考被描述成心灵和精神的盛宴。然而正如我们已经看到的，在法国 1848 年革命前夕，这一宴会（banquet）达到了它最戏剧性的政治效果。回想一下一系列普选和议会改革的政治辩论吧，弗朗索瓦·基佐的宴会禁令成为导致路易·菲力普垮台的二月革命（February days）的直接原因。

当然，当前的政治文化研究与君主制的垮台显然没有关系。尽管如此，在作为批判性对话的政治学和哲学论坛这一更为谦卑的意义上，我认为"宴会"是比阿尔蒙德的重新聚集于"中心大餐厅"的构想更好的隐喻。至少它不把我们中的许多人视作不速之客而加以排斥。正相反，它要求我们尊重各自在政治学方法上的差异，我们相互争论，但最终能够同桌对话。在详尽论述了这个隐喻之后，我想讨论阿尔蒙德对"专用的修辞"的第二次应用。

注释

① Gabriel Almond, "Political Theory and Political Science," *American Political Science Review*, 60 (December, 1966)：878.

② Gabriel Almond, "Separate Tables," *PS：Political Science and Politics*, 21 (Fall, 1988)：828.

③ Gabriel Almond, "Separate Tables," *PS：Political Science and Politics*, 21 (Fall, 1988)：828.

④ Gabriel Almond, "Separate Tables," *PS：Political Science and Politics*, 21 (Fall, 1988)：829.

⑤ Almond, "Political Theory and Political Science," 877.

⑥ Almond, "Separate Tables," 836.

⑦ Almond, "Separate Tables," 836.

⑧ Almond, "Separate Tables," 830.

⑨ 关于"海岛跳跃者"（island hopper）和"乡村俱乐部"（country club）的隐喻，详见肯尼斯·谢泼斯（Kenneth Shepsle）和本杰明·巴伯（Benjamin Barber）各自的评论。请阅读 "The Nature of Contemporary Political Science," *PS*: *Political Science and Politics* 23 （March 1990）: 40 - 42. 对学术生活最"野蛮"（savage）的恶搞（parody），请阅读 Steven Brint, "Notes on Veritarian Bookfighting," *TriQuarterly* 72 （Spring/Summer 1988）: 91 - 102。

⑩ David B. Truman, "Disillusion and Regeneration: The Quest for a Discipline," *American Political Science Review* 59 （December 1965）, 865 - 873. 笔者把对这一专业的描述归功于笔者的同事 Jim Young。

第二章　让我们的学科史更为正直[*]：
政治文化的美国式科学

"在我们学科史的书写中，不论谁控制着解释往事的话语权，都力图控制未来。"①在这里，阿尔蒙德将他的修辞策略应用到历史领域。在使我们的学科史变得更为正直之后，他展示给我们据称是学科史最为权威和正确的版本。正如预期的那样，从柏拉图到亚里士多德、托克维尔、亚历山大·汉密尔顿，直至罗伯特·达尔、西摩·马丁·李普塞特，这一"真正的"学科史已成为那些占据学科中心之人所致力的工作。

与阿尔蒙德对政治学历史发展的"权威"观点相反，将我们的学科看成是由许多不同的有时是竞争性的历史传统和实践组成，这种观点似乎更为真实。基于这种理解，"把学科史变得更为正直"不应该仅仅是展示历史如何导致了某

＊ 我们此处把"straight"翻译为"正直"，是对英文意思的直译，并没有道德评价的意味。——译者注

个人自己的观点，也不是将过去描述成一堆偶然词汇变化的辩证法。相反，它应该包括这样一种尝试，那就是描绘出已被严谨的政治学学者所接受的不同的历史传统与实践。

然而，正如约翰·冈内尔（John Gunnell）注意到的，阿尔蒙德并没有描绘出我们的不同之处，他的真实历史"至少和分离的桌子的任何部分的人一样，是自说自话"。[②]不过，尽管那可能是自说自话，但这并不是说阿尔蒙德未能把学科的知识史变得更为正直。相反，在学科的知识史中，他已成功把握住一种或者一缕相当具体的传统。并非巧合，这种传统对阿尔蒙德自己所设想的政治文化科学来说是基本的构成要素。

阿尔蒙德描绘了政治文化研究从古希腊到当代的延续性，但是他指出了促进政治文化研究的所谓"行为主义"方法的四个重要来源。首先，正如已经指出的，这种科学的方法从社会行动和主观取向的"帕森斯－韦伯"式模型（Parsonian-Weberian model）中借鉴了大量内容。

其次，行为学研究领域受到社会心理学家的工作的影响。阿尔蒙德指出，"这一学科始于 20 世纪前几十年，大部分出自社会学家和心理学家对当时社会政治灾难的理解和解释：第一次世界大战的杀戮和破坏、布尔什维克革命、大萧条、意大利法西斯与德国纳粹的崛起、种族对立等"。[③]至于政治科学，查尔斯·梅里亚姆（Charles Merriam）是最早提出对影响政治行为的社会和心理因素进行科学研究的学者之一。在他的带领下，包括阿尔蒙德在内的许多学生开始使用诸如本能、习惯、情感和态度这些"解释的积木"来考察个体政治行为受社会影响的途径。

借鉴了弗洛伊德及其在人类学领域的追随者的成果，美国的政治文化科学还受到心理－文化模型、生物学和人类学模型的影响。阿布拉姆·卡丁纳（Abram Kardiner）和拉尔夫·林顿（Ralph Linton）等思想家并不仅仅关注幼儿期的社会化、欲望的发展阶段和家庭的权威结构，他们开始强调社会化对个人整个生命周期的影响。在阿尔蒙德自己的作品中，自我能力感或者在教育或工作的后天经历中提出异议的能力，在个人政治行为取向上发挥了重要的社会化作用。

最后，像阿尔蒙德那样的政治科学家接受了启蒙时期自由主义的信条。例如，他们深切关注民主化进程，关注宪法要求的价值（"法治而非人治"），以及作为个人自由的自由概念。然而，他们也愈发怀疑传统的启蒙政治学的模型。事实上，与"行为主义革命"的其他领袖一起，阿尔蒙德在两个方面抨击了这种传统。

首先，他认为此类研究仅仅关注制度的形式上的特征（如"三权分立"和"制衡"），但这些特征与制度的真正运作方式以及人类的真实行为方式毫无相似之处。此外，他抱怨这种形式主义在其取向上太过狭隘。反之，阿尔蒙德相信行为主义革命有望开拓新的领域，并考察那些曾经处于分析边缘或被完全排除的文化因素。

其次，当制度分析传统在宣扬进步的启蒙概念，即把民主和法治的盎格鲁－美利坚形式（Anglo-American forms）视为任何国家发展的必然顶点时，它就会显露出历史的幼稚和无可救药的种族中心主义。阿尔蒙德与那些根据与英美制度的距离远近来评判一个国家的学者不同，他主张价值中立的方法论（value-neutral methodology），从而允许不带偏见的比较分析。

第二次世界大战后，这种新的研究方法成为政治文化科学发展的催化剂。当时不仅涌现众多新兴国家，而且欧洲国家本身正在经历重大的政治变革。为了研究这些发展，有四个部分逐渐成为研究政治行为之科学方法的核心，那就是新的抽样方法、访谈技巧、评分和量表技术，以及统计分析。

观察这一新技术的起源至关重要。尽管意识到"社会科学的主题难以被强调普遍性规律（covering-law）的自然科学（hard science）方法研究"，但这一新技术的使用仍然建立在用类似于自然科学的方法来研究政治学的愿望之上。④强化这一愿望的认识论可以追溯到 17 世纪的科学革命。最为直接的是，这一愿望来源于经验主义的传统认识论理论。正如我们已看到的，从爱尔维修（Helvétius）到休谟（Hume）的经验主义者相信，外部世界是知识和心灵——外部世界的镜像反射——的所在之处。

社会科学家借鉴了科学革命的精神，开始建立各种方法，试图阐释人类行为普遍模式的条件。为了充分解释人们真实行为的方式，一项理论的解释力依赖于社会科学家将概念转化为能够被精确检验和证实（或者至少不会被证伪）的可测条件（变量）的能力。⑤ 按照阿尔蒙德的观点，正是源自这种方法在发展过程中的突进，在近两个世纪引发了政治学中的革命。

这种革命性的方法被用来理解"二战"后政治格局的改变。和这一代的许多人类似，学者们在民主化研究中的紧迫感部分源于法西斯主义和战后斯大林主义这类无法接受的政体形式。怀抱着自由民主的理想，西德尼·维巴和加布里埃尔·阿尔蒙德着手研究文化因素对民主政体的稳定性及其结构的影响途径。特别是他们通过向普通公民提问，了解他们对其政治秩序的取向来理解这些文化因素。通过这种方式，他们试图让那些在传统制度分析中常被边缘化的意见得到表达。在对这一主题进行了十年多的研究之后，他们的研究成果《公民文化》在1963年出版。尽管在这之后研究技术和文化理论变得更为成熟，但《公民文化》仍然被誉为"政治文化研究的经典之作"。

在最基本的层面，派伊（Lucien Pye）将政治文化定义为"一组态度、信念和情感，它赋予政治进程以秩序和意义，提供支配政治系统中的行为的基本假设和规则，它包括政治理念和政治共同体的运作规范"。⑥ 为了将"公民文化"这一概念操作化，阿尔蒙德和维巴区分出三种类型的取向：

（1）"认知取向"，关于政治系统、政治系统的职责和这些职责的承担者、政治系统输入和输出的认知和信念。

（2）"情感取向"，是对政治系统（职责、人员和绩效）的情感。

（3）"评价取向"，是对政治对象的判断和观点，通常包含价值标准和信息、情感的结合。[7]

同样，吸引这些政治科学家的是特殊的主观的"态度和取向"——个人持有的信念、感情和判断——影响"政治上相关对象"的方式。

社会成员的主观取向所针对的"政治上的相关对象"包括：①作为一个整体的政治系统；②作为政治参与者的自我；③政治系统的组成部分。反过来，这些组成部分被分为：①特定角色或结构（立法机构、行政机构或官僚机构）；②任职者（君主、立法人员或行政人员）；③特定公共政策的决策或实施。

这些组成部分进而被划分为系统的"输入"和"输出"两部分。政治输入是指"从社会流入政治体的要求，以及这些要求转变为权威性政策"。[8]政治输入制度化的例子包括政党、利益集团和媒体。政治输出是指"权威性政策运用或实施的过程"。[9]官僚机构和法院主要被归入政治系统的"输出"方面。

概言之，阿尔蒙德和维巴通过不同类型的一般政治系统的认知取向、感情取向以及评价取向的分布频次，根据这一系统的输入、输出部分和政治行为者本身，来勾画不同政治文化的特征。他们特别关注三个取向：村民型政治文化、臣民依附型政治文化和积极参与型政治文化。持村民型政治文化的人对政治系统的期望很少或没有。另一方面，臣民依附型政治文化主要关注政治系统的"输出"层面，诸如政府结构、政府人员及会影响他们生活的政策等。与之相反，具有积极参与型政治文化的成员，他们关注政治系统的输入和输出，他们在政治参与中表现为更积极的政治角色，而那些持有臣民依附型政治文化（或村民型政治文化）的人通常表现对政治系统更加恭敬的态度。

在对政治系统的认同上，这三类行为者可以通过他们对政治系统的态度是忠诚（allegiance）、冷漠（apathy）还是疏离（alienation）来加以辨别。忠诚表明成员们的取向与其政治结构之间存在强烈的一致性。冷漠指的是人们在情感和评判的认知意识上对政治结构的漠不关心。疏离体现在成员的认知意识中对政治系统具有负面的评价和情感。

阿尔蒙德和维巴在他们的作品中是这样定义"公民文化"的：大众型民主国家发展和稳定所必需的态度和取向的适当混合。在这些人与人之间的态度和取向中，他们强调普遍信任、对自己所处社会环境的信心以及对政治系统的忠诚都是重要的。他们还强调在成员的顺从和积极参与之间保持平衡的重要性。

阿尔蒙德和维巴对公民文化中参与之混合的强调是基于这一理念，那就是政治稳定能通过保持"平衡的差异"而戏剧性地得到保障。顺着这一推理，他们指出，民主政治系统需要平衡政府的权力与政府的回应性，平衡社会大众的参与和冷漠（他们的易感性和情感的中立性），以及平衡他们政治价值观与信仰的共识和分歧。用他们的话说，在这些政治系统中存在"政治活动"，"但并不能多到会破坏政府的权威；存在参与和认同，但它们是有节制的；存在政治分歧，但它受控于制衡的力量"。⑩其结果便是一套可控的或平衡的政治取向。他们总结道，这种平衡特别"适合"民主政体。事实上，"在许多方面，特别适合混合政治系统的正是民主政体"。⑪

《公民文化》中主张的政治文化和民主政体的观点，很快就成为大量相当激烈的辩论主题。很多该领域的学者把那些针对《公民文化》基础的方法论和政治原则的批评，看作是所谓的"后行为主义"革命。1969 年，当时的美国政治学学会主席戴维·伊斯顿在其著名的就职演说中，将这种革命描述为一种运动，这种运动包含"对政治学的研究和教学深为不满，尤其是那种根据自然科学方法而将政治学转变为更加严格的科学学科（的努力）"。⑫

伊斯顿捕捉到了当时政治科学的一些对立特点。然而，需要一些附加的限制。虽然的确有许多人希望建立一个立足于自然科学设计的政治科学，但是"行为主义"方法并非铁板一块。例如，具体联系到政治文化，建立考察跨文化政治行为的普遍原则的愿望并没有执著于任何具体的调查研究技术，以及心理人类学、心理学、自由主义和/或社会学的模型。事实上，与阿尔蒙德的方法论的折中主义一致，所谓的行为主义学者对政治文化的研究倾向于采用一套广泛和多样的方法论原则，它包括但不局限于基于功能主义、结构主义、系统理论和组织理论的研究议程。

"后行为主义学者"也发出了相同的折中宣言。虽然许多人确实关注社会科学和自然科学之间的相似关系，但他们并没有局限于任何单一的意识形态传统或方法论立场。在"后行为主义"全盛时期，阿尔蒙德和维巴的政治文化路径受到了学者的批评，其中包括查尔斯·泰勒（Charles Taylor）、阿拉斯戴尔·麦金太尔（Alasdair MacIntyre）和谢尔登·沃林（Sheldon Wolin）。正如我们即将看到的，就主要方面而言，这些学者为政治文化的行为主义研究与其说是提供了拯救的希望，不如说是发表了其葬礼的演说词。

注释

① Almond，"Separate Tables，"835.

② John Gunnell，"The Nature of Contemporary Political Science，" *PS：Political Science and Politics* 23（March 1990）：36 – 37. 冈内尔继续根据研究经费分配所带来的这些影响，来讨论政治学的"真实"历史。

③ Gabriel Almond, "The Intellectual History of the Civic Culture Concept," in *The Civic Culture Revisited* (Boston: Little, Brown & Company, 1979), 12.

④ Gabriel Almond, "Separate Tables," 839.

⑤ Early on, Brian Barry attacked the explanatory power of social science in *Sociologists, Economists and Democracy* (London: MacMillan, 1970), esp. 47 – 96.

⑥ Lucien Pye, "Political Culture," in *International Encyclopedia of the Social Sciences* (New York: Free Press, 1968), 218.

⑦ Gabriel Almond and Sidney Verba, *The Civic Culture* (Princeton, N. J. : Princeton University Press, 1963), 14.

⑧ Gabriel Almond and Sidney Verba, *The Civic Culture* (Princeton, N. J. : Princeton University Press, 1963), 14.

⑨ Gabriel Almond and Sidney Verba, *The Civic Culture* (Princeton, N. J. : Princeton University Press, 1963), 14.

⑩ Gabriel Almond and Sidney Verba, *The Civic Culture* (Princeton, N. J. : Princeton University Press, 1963), 493.

⑪ Gabriel Almond and Sidney Verba, *The Civic Culture* (Princeton, N. J. : Princeton University Press, 1963), 493.

⑫ David Easton, "The New Revolution in Political Science," *American Political Science Review* 63 (December 1969): 1051.

第三章　行为主义科学的葬礼演说词

就在戴维·伊斯顿在其就职演说中提出后行为主义革命的那一年，谢尔登·沃林抨击了他所谓的"方法论者（methodist）的天职"，与此相反，他强调恰当的"政治理论家的天职"。[①]对政治方法论者来说，"主要目标——获取关于政治学的科学知识——取决于具体技术的应用和改进"。同时，沃林告诉我们，政治学家深受"被看作是科学的伦理：客观、超然、忠于事实……"的影响。这些特定的技能、实践的模式和鼓舞人心的伦理结合起来，一起构成了政治学家的一种天职（vita methodica）——政治学家讲究方法的生命。[②]

与此相反，沃林呼吁"理论的生命"（bios theoretikos）。运用史诗（epic）的戏剧化语言，他用两个特征描绘了以前伟大理论家的创造性行为。[③]第一个特征是他们研究工作之宏大。"通过思想行为，理论家寻求重建整个政治世界。他的目的是把握当前的结构及其相互关系，并以新的方式重新呈现它们。"④第二个特征是涉及理论家的意向结构或者控制目的。沃林称，综观整个传统，"对这些理论家来说，把关注公共事务（res publicae）和真实事物（res gestae）视为自己的天职，就像医生关心健康那样是不可化约的和自然的"。⑤

在他的早期作品《政治与构想》（*Politics and Vision*）中，沃林跟随汉娜·阿伦特（Hannah Arendt），通过描绘与人们活动的"私人"和"社会"领域不同的独特"政治"活动，他试图定义和识别这种公共关怀。他告诉我们，尽管人们活动的公共领域现在已经消失，但在过去，它为个人的公共参与提供了秩序，并且提供了人类活动的一种综合视角，在这个意义上，公共领域曾经享有优势地位。此外，这个领域里的公民能通过直接的政治参与，集体地决定他们的共同命运。

随着社会科学的兴起，这种对公共生活的关注逐渐减少。在沃林看来，现代社会科学建立在这一信条之上——"对政治现象的最佳解释是将其作为社会因素的结果。因此，通过探索塑造政治事物形态的在背后起作用的社会进程这一方法，能最透彻地理解政治制度和信念"。⑥对社会发展的关注以及始于洛克的自由主义传统，使得"社会被同时设想成有别于政治安排的实体，以及所有值得人类努力的速记符号"。"这些发展"，沃林感叹道，"为政治留下了微小的研究空间和更少的威信"。⑦

在他看来，《公民文化》清晰地示范了政治学科中的自

由主义和方法论者的倾向。例如，阿尔蒙德和维巴对惰性公
民在维持民主政体的整体平衡中发挥的作用大加赞扬。当
然，在沃林看来，这种赞扬并不完全是表示敬意。基于他们
对理性程序而非继承下来的知识的笛卡儿式偏爱，对自身理
论假设的批判之缺乏，对盛行的道德和政治状况而非那些已
丢失或遗忘的昔日政治传统的认同，这些"方法论者"可
以说既为现存秩序赋予了合法性，同时又限定了对现存秩序
提出根本挑战的可能性。

沃林运用他自己的戏剧语言，将行为主义和后行为主义
思想家之间的论争描述为"好的民主理论家"和"坏的自
由主义方法论者"之间的"史诗般的"战争。一方面，正
如我们已经看到的，沃林遵循韦伯的观点，将科学理论看作
当下秩序的常规化、官僚化，以及法理化倾向的反映。从这
个角度出发，社会科学家们被描绘成依赖量化、持有（以消
除偏见为名的）反传统主义者的偏见、漠视场景（context），
并对理论和历史缺乏自信。另一方面，政治理论家被描绘成
史诗英雄，他们追求重构整个政治世界，从根本上挑战科学
的前提，重振"政治的"关切，为了当下而从过去汲取教
训，以及提出与有问题的现状不同的美好远景。

在谢尔登·沃林严厉谴责社会科学的"政治"含义的
同时，阿拉斯戴尔·麦金太尔（Alasdair MacIntyre）对社会
科学思想的哲学一致性提出了挑战。例如，在麦金太尔的早
期文章《比较政治的科学是可能的吗?》（*Is a Science of*

Comparative Politics Possible？）中，他对如下观点表示了怀疑：在检验"相同行为"的经验坐标可能普遍适用的意义上，人们可以"将不同文化中的制度鉴定"为"相同的"。⑧

在这篇文章中，通过援引阿尔蒙德和维巴对意大利的"疏离"的政治文化的描述，他证明了自己对上述观点的怀疑。麦金太尔抱怨，为了提供意大利人不太认同其政治系统的证据，阿尔蒙德和维巴只是简单地指出了这一事实，即当要求公民根据自豪感的程度为一串项目排序时，意大利人在总体上把他们的政府活动排在比德国人或英国人更低的位置。但是，阿尔蒙德和维巴并没有"停下来问一问自豪概念在三个国家的不同文化中是否相同，即不同的调查对象究竟是否被问了同样的问题"。⑨事实是，"自豪概念在意大利和在英国是不一样的。在意大利的文化中，自豪的观念仍然紧密地与荣耀（honor）概念相联"。⑩在意大利，自豪和荣耀之间特定的连接与结合，证明了不同社会制度中的品德和情感的不同排序。从这点上看，阿尔蒙德和维巴检验的并非相同的跨文化的态度和取向。

但是，即使检验"相同"行为的经验坐标"能够"被建造，麦金太尔也坚持认为，要说检测到的这些文化之间的差异具有启发性，也是值得怀疑的。我们也许可以检验相同的行为，但并不能因此推断我们对那些行为的文化意义有相同理解。正如麦金太尔所说，因为"对社会制度的信念部分地是由社会制度构成的，所以，除非研究那些制度实践参与者的信念，识别制度是不可能的"。⑪鉴于这些疑虑，麦金太尔建议，"如果我们希望拥有比较政治学的科学，第一步就是对一系列比较历史进行书写"。⑫换句话说，我们不应该从收集数据开始，以期寻找普遍的因果关系，相反，我们应该按照法国社会学传统，首先开始研究那些在不同文化背景下达到相同目标的愿望能够或多或少地得以实现的案例（就像19 世纪 30 年代的法国和美国）。

和麦金太尔不同，查尔斯·泰勒（Charles Taylor）在他早期的文章《人类的科学及其阐释》（*Interpretation and the Sciences of Man*）中，致力于解释另一类社会，即不是此社会中的人就不能理解他们的行为方式的社会。对泰勒来说，这些行为以及构成这些行动之意义的信念，必须在特定文化所蕴涵的主体间（intersubjective）的和共同的意义这一场景之中加以解释。基于德国诠释学（hermeneutical）传统，泰勒认为政治文化的行为主义路径排除了"对这些被赋予主体间的和共同的意义的社会现实的考虑"。⑬

简单地说，泰勒使用的主体间性（intersubjectivity）是为了表明一种文化的意义不能通过分析主观态度的集合得到详尽叙述。换句话说，意义不是体现于行为中的主观精神的属性，而是一种文化的社会和话语实践的一部分。因此，要了解一种文化，我们不能简单地观察个人表现的行为，而是必须研究那些政治体的文化语法或叙事，以及社会、文化和话语实践的内在统一。因此，就像文本一样，一种文化的意义无疑比它各部分的总和大得多。

文化大于它各部分之和的观点，给我们带来了"诠释学循环"（the hermeneutic circle）的概念，即只有通过整体才能理解部分，只有通过部分才能理解整体。在人们学着预测这些部分如何与整体相联系时，对于文化的理解取得了进展。正如泰勒的解释：

> 我们正试图建立的是对整篇文本的解读，为此我们诉诸对其部分表达的解读。可是我们关注的是意义，是能够理解表达只有在与其他部分相联系的场合才是可理解的，于是，对部分表达的解读依赖于对其他部分的解读，最终依赖于对整体的解读。[14]

和格尔茨相似，对泰勒来说，当处理包含在不同文化中的主体间意义网络时，这种阅读变得特别困难。相反，在社会科学家的细致推敲下，社会现实变得容易理解。它被看作只不过是由一组抽象的（去语境化的，decontextualized）并且普遍适用的原始数据组成的。从他们的角度来看，"客观（主体间的，inter-subjectively）现实即是可识别的数据"。[15]对他们来说，"这就是社会现实"，泰勒惊呼。[16]但是，行为主义社会科学实际上无法顾及的"是主体间的意义"，如同语言使用者，这是人类用来建构自身文化世界并使之有意义的方法。在泰勒的构想中：

主体间的意义，一个社会里感受行为的方式（只能）以语言和描述来表达，这组成了制度与实践。但与主流政治科学的范畴之坐标不相吻合，（主流政治科学）仅仅顾及一个由原始数据所标识的主体间的现实。但是，社会实践与制度却部分地由（人们）讨论它们的方式所构成，而这些往往不可识别。我们不得不理解构成这些方式的语言和潜在意义。⑰

泰勒认为，由于无法解释一个文化中主体间这一层次上的意义，行为主义科学已倾向于主张种族中心主义的理想形态。

对关注制度的传统比较政治学的种族优越感（或西方的偏见）进行强烈批评后，（行为科学）提出对人类社会政治的理解要根据这些功能实现，例如"利益表达"和"利益聚合"。（但是）比如，"利益表达"和"利益聚合"，它们的定义强烈地受到我们文明中讨价还价文化的影响，但在别处这远非被证明是恰当的。其结果就是一种将大西洋型政体（Atlantic-type polity）置于人类政治成就顶峰的政治发展理论，这就不足为奇了。⑱

潜在的西方中心主义促使社会科学家漠视主体间的共同意义，并且这种漠视还隐含着一种关于自我概念的贫乏，以及将我们自己理解为普罗米修斯式的道德行为者的缺失。泰勒反对关于人类行为和手段的硬性预测（hard prediction），认为这是不可能的。他声称："人是自我定义的动物。随着自我定义的变化，人类就会变为他之所是。因此必须在不同的角度来理解他。"[19]

按泰勒后期著作中为人熟知的术语，作为自定义的语言使用者，人类被说成是表现主义的生物。受到赫尔德（Herder）的启发，泰勒认为语言是表达的媒介，通过语言，一方面人类能表达他们的内在潜能，另一方面人类通过他们的表现来定义自身。因此，"人类生命被看作是表达一种潜能，而这种潜能也被表达塑造"。[20]这些表现主义的活动是我们社会经验和社会本体的一部分，它们是和一种文化的主体间性（intersubjectivity）联系在一起的。通过剥去文化的表现主义可能性的外衣，泰勒总结道，社会科学家持有一种关于自我的贫乏概念，这种概念倾向于反映我们自己的文化和道德的贫乏，如果不是精神贫乏的话。

尽管在后行为主义革命期间涌现许多葬礼演说，但像泰勒、沃林和麦金太尔这些思想家，他们最终并没有尝试提供一个有说服力的论据证明"行为主义"的方法是政治上虚弱的，"本质上"不连贯的，或者方法论上残缺的。这是我该提出自己的主张的时候了。我以为，不论"行为主义"或"后行为主义"，这些思想家各自的方法论并不相互排斥。

注释

① Sheldon Wolin, "Political Theory as a Vocation," *American Political Science Review* 63 (December 1969): 1062 – 1082.

② Sheldon Wolin, "Political Theory as a Vocation," *American Political Science Review* 63 (December 1969): 1063 – 1064.

③ 对这一"史诗"理论更加详细的描述, 请阅读 Sheldon Wolin, *Hobbes and the Epic Tradition of Political Theory* (Los Angeles: University of California Monograph Series, 1970)。

④ Sheldon Wolin, "Political Theory as a Vocation," 1078.

⑤ Sheldon Wolin, "Political Theory as a Vocation," 1079.

⑥ Sheldon Wolin, *Politics and Vision* (Boston: Little, Brown and Company, 1960), 288.

⑦ Sheldon Wolin, *Politics and Vision* (Boston: Little, Brown and Company, 1960), 291.

⑧ Alasdair MacIntyre, "Is a Science of Comparative Politics Possible?" in his *Against the Self-Images of the Age* (Notre Dame, Ind.: University of Notre Dame Press, 1978).

⑨ Alasdair MacIntyre, "Is a Science of Comparative Politics Possible?" in his *Against the Self-Images of the Age* (Notre Dame, Ind.: University of Notre Dame Press, 1978), 262.

⑩ Alasdair MacIntyre, "Is a Science of Comparative Politics Possible?" in his *Against the Self-Images of the Age* (Notre Dame, Ind.: University of Notre Dame Press, 1978), 262.

⑪ Alasdair MacIntyre, "Is a Science of Comparative Politics Possible?" in his *Against the Self-Images of the Age* (Notre Dame, Ind.: University of Notre Dame Press, 1978), 262.

⑫ Alasdair MacIntyre, "Is a Science of Comparative Politics Possible?" in his *Against the Self-Images of the Age* (Notre Dame, Ind.: University of Notre Dame Press, 1978), 272.

⑬ Charles Taylor, "Interpretation and the Sciences of Man," in his *Philosophy*

    and the Human Sciences: Philosophical Papers, vol. 2 (Cambridge:
Cambridge University Press, 1985), 42.

⑭ Charles Taylor, "Interpretation and the Sciences of Man," in his *Philosophy
and the Human Sciences: Philosophical Papers*, vol. 2 (Cambridge:
Cambridge University Press, 1985), 18.

⑮ Charles Taylor, "Interpretation and the Sciences of Man," in his *Philosophy
and the Human Sciences: Philosophical Papers*, vol. 2 (Cambridge:
Cambridge University Press, 1985), 31.

⑯ Charles Taylor, "Interpretation and the Sciences of Man," in his *Philosophy
and the Human Sciences: Philosophical Papers*, vol. 2 (Cambridge:
Cambridge University Press, 1985), 31.

⑰ Charles Taylor, "Interpretation and the Sciences of Man," in his *Philosophy
and the Human Sciences: Philosophical Papers*, vol. 2 (Cambridge:
Cambridge University Press, 1985), 38.

⑱ Charles Taylor, "Interpretation and the Sciences of Man," in his *Philosophy
and the Human Sciences: Philosophical Papers*, vol. 2 (Cambridge:
Cambridge University Press, 1985), 42.

⑲ Charles Taylor, "Interpretation and the Sciences of Man," in his *Philosophy
and the Human Sciences: Philosophical Papers*, vol. 2 (Cambridge:
Cambridge University Press, 1985), 55.

⑳ Charles Taylor, *Sources of the Self* (Cambridge, Mass.: Harvard University
Press, 1989), 374.

第四章　在但丁的地狱中

在但丁《地狱》（*Inferno*）的第四层，我们面临这样一个共同体，它的真实定义源于其内部的敌对，持相反主张的两方被永远地锁在一起，每一方都坚信自己完全正确（destra in contrast to sinistra）。但丁回顾了西西弗斯的典故，认为双方的敌对如同西西弗斯反复向山上推动巨大滚石一样徒劳无益。因为这层地狱的争斗双方包括"贪婪者"和"挥霍者"，所以但丁的描绘可能恰如其分地与议会的预算辩论相比。并且，它也形象地描述了美国政治科学中"行为主义"和"后行为主义"之间冗长辩论的徒劳。

有一位思想家可能会帮助我们理解这场争辩的徒劳无功，他就是理查德·罗蒂（Richard Rorty）。[①]作为一名"反本质主义者"（anti-essentialist），罗蒂坚持真理是创造的而非发现的，是情境的而非客观的，是变动的而非永恒的，是局部的而非绝对的。在《语言的偶然性》（*The Contingency of Language*）中，罗蒂致力于抨击哲学"实在论者"和"表现主义者"所主张的特权。但是，当政治学家们发现自己落入罗蒂所批评的相同的辩护模式之中时，便可以学习他的分析。

罗蒂的分析始于抨击一种哲学立场，那就是对语言是"媒介"的观念不加批判地采纳。在回顾了那些把其哲学同行分为不同阵营的观点之后，罗蒂提出了尖锐的质疑："我们应该将（语言）媒介主要视为是表达的媒介——用来阐明深藏于自我内部的事物的媒介吗？或者，我们应该将其主要视为是代表的媒介——用来展示外在于它的自我？"[②]

语言意味着免于科学简约的主观的内在真理，还是代表了一种独立的客观现实，这两种相反的观点对罗蒂来说只是一枚硬币的两面。在政治科学方面，我们可以扩展罗蒂的观点，其方法就是认为像泰勒这样的理论家强调内在状态的真理优先的主张与阿尔蒙德和维巴这样的科学主义者强调调查研究的真理优先的主张也是同一枚硬币的两面。罗蒂的观点并没有质疑任何一方的力量。他挑战的是他们所主张的真理的"优先"地位——这种让我们与对手宣称的"真理"主张生死搏斗的真理。

罗蒂认为，他的哲学家同事们可以通过放弃将语言作为任何事务的媒介的观念来逃避这一僵局。在罗蒂的论文中，语言成为应对环境的工具，语言不是代表真理之类东西的"媒介"——内在的或外在的。追随维特根斯坦晚期的哲学，他转向认为语言是一种工具。以类似的方式，通过把语言、"语言游戏"，或我们所称的"理论"看作不同的工具，它们分别由不同的目的激发并针对不同的任务，我们可能会打破我们自己的僵局。因为我们都认为像锯和锤子这类工具不互相矛盾，它们也都不要求优先地位。任何与此相反的想法显然是荒谬的。我们认为这类的工具有潜在的互补性，但是它们绝不是可以互换的，并且它们适合于特定有用的任务，这些任务被使用它们的群体认为是有价值的。

我们可以从罗蒂的著作中推断出，通过改变解释我们学科所使用的隐喻，我们可以帮助自己摆脱那种让泰勒和阿尔蒙德困在"分离的桌子"旁的哲学僵局。当然，这种转变可能无法解决科研资助的问题。但是，罗蒂确实帮助我们认识到，对真理的优先权主张就像交谈的障碍和不与他人进行对话的借口。从罗蒂的分析中得出的教训并非是说不同的理论方法是工具，而是通过在工具的意义上来谈论它们，我们可能会推进一个富有成效的而非"地狱式的"对话。

如果照此理解，那么询问行为主义科学是否概括出合理性或中立性的去语境化的通用语言，或者理论是否适当地对应一种独立的现实，这些做法都是文不对题的。同样，询问浪漫的表现主义是否真的为我们提供了接近真实世界真理的机会，这也是文不对题的。相反，通过转向这种观念，即不同的理论取向是可以相互替换的理论工具，我们或许能开始辨清这些工具最适合的任务是什么。

一方面，如果我们对政治参与和教育的关系感兴趣，那么阿尔蒙德和维巴运用的社会科学方法提供了一个非常强大的分析和数据收集的工具。另一方面，如果我们正关注一个新生民主国家所面临的政治困难，关于它特殊的传统差异性或者"对于过去的绵绵眷恋"，那么以格尔茨的"深描"作为分析工具可能是更好的。此外，如果我们从事于研究在民主革命过程中为什么某个政体比其他政体更加成功，那么像法国社会学派这样的比较历史方法可能提供了最好的分析工具。重点在于这些方法都不是相互排斥的，相反，每种方法源自一组不同的问题，并承担了不同的功能。

但重要的是要注意，对这些差异的强调并不是说我们就不需要对这些方法进行批判性评估了。正如阿拉斯戴尔·麦金太尔最近声称的，"离开了由特定传统或其他传统提供的工具，我们就失去了立足之地、探究之所，也就无法参与提升、评估、接受和拒绝合理争论的实践活动"。[3]因此，并不是由于单一的标准或扬弃的观点，而是通过敌对立场的视角，我们才获得了自己批判性的视野。由此可见，正是因为我们的差异使得批判性的反思成为可能。

尽管笔者的思想源于麦金太尔的著作，但笔者怀疑他是否赞同笔者所主张的知识多元化。首先，在政治文化研究方面，麦金太尔会把社会科学从合法对手之列排除。回想一下他的说法，文化比较的科学这一想法不能成立，因为我们缺少一种中立的方法来描述不同文化中的人们被要求回应的主题，也缺少中立的方法来制定标准对这些不同文化中的人们所作出的回答进行评价。在他看来，界定一种非偶然性的或基于传统产生的

语言，进而由这一语言提供独立的（非语境化的）方式来描述
所研究的文化规范，这种尝试很可能是支离破碎的。麦金太尔
认为我们可以从互相敌对的思想传统中获得批判性观点，他的
论断明确地反对那些代表社会科学的去语境化的主张。

　　但是，如果我们放弃认为社会科学的方法能够优先接近
（在去语境化意义上的）真实世界这一主张，并承认作为一
种传统的社会科学具有其历史真实性，那么它就可以被看作
一种用来测试态度类别和行为模式的方法。尤其是那些适合
多元主义和民主政府的态度类别和行为模式，它们能够效忠
于不同形式的社会和政治秩序。以这种方式来理解，那么社
会科学的语言或项目就没有什么不连贯的了。④用麦金太尔的
话来说，它不过意味着我们应该始终认为社会科学是对"构
成传统的（tradition-constituted）和传统构成的（tradition
constitutive）的探究"。⑤

　　即便麦金太尔承认政治文化的行为主义方法采用了一种
理性话语，它只和众多相互竞争的传统里的一种有关，他还
是肯定会抵制我的知识多元化主张。为了捍卫杜威的民主，
希拉里·普特南（Hilary Putnam）十分恰当地表达了这个观
点，"虽然理性是相对的和历史的（也许过于相对和历史），
在麦金太尔的观点中"，仍然有"一个固定的原则支配不同
范式之间的理性讨论，它允许一个范式有时'合理地战胜'
另一个。正是在这一原则的应用中，麦金太尔被迫退回到
'合乎（麦金太尔的）理性之物'（*What Is Agreeable To*

〔*MacIntyre's*〕*Reason*）那里"。⑥

　　更好的做法不是把批判性对话描绘成一种事业，即一种范式或传统被某种能够在不同理性形式之间进行裁决的理性能力击败，而是将它描述为一种途径，通过这种途径，每种立场"在严格定义的问题领域"说明对方提出的分析之局限。⑦为了阐明这种观点，我将运用在自由民主制度中的政治参与的三种不同立场。我们即将看到，正是这些不同立场之间的差异，允许每一方被其对手批判性地评估。

注释

① 笔者要感谢大卫·赫宁甘（David Hennigan）帮助我完善和厘清对罗蒂的评论。

② Richard Rorty, *Contingency, Irony and Solidarity*（Cambridge：Cambridge University Press，1989），11.

③ Alasdair MacIntyre, *Whose Justice? Which Rationality?*（Notre Dame, Ind.：University of Notre Dame Press，1988），350.

④ 正如麦金太尔自己意识到的，这种基于偶然性的概念最近获得了罗尔斯、罗蒂和史陶特的认可。关于这一点，请阅读 Jeffrey Stout's review article entitled "Homeward Bound：MacIntyre on Liberal Social and the History of Ethics," *The Journal of Religion* 69（April 1989）：220－232。

⑤ MacIntyre, *Whose Justice? Which Rationality?* 9.

⑥ Hilary Putnum, "A Reconsideration of Deweyan Democracy," *Southern California Law Review*, 63（September 1990）：1680. Reprinted in *Pragmatism in Law and Society*, ed. Michael Brint and William Weaver（Boulder, Colo.：Westview Press，1991）.

⑦ See MacIntyre, *Whose Justice? Which Rationality?* 167.

第五章　关于政治参与的批判性对话

　　如何描述自由民主政体中的部分公民或人口中的某些部分的低度政治参与，大大显示出在这一主题上的争鸣观点之间的差异。这种现象是被理解为"冷漠"、"厌倦"、"疏离"抑或"原子化"？它是和"臣民式的顺从"、社会经济地位、阶级联系在一起，或者它是一个人"生活方式"的一部分吗？我们先前讨论过的众多思想家已经处理过这些问题。追踪他们的答案，我们将得以批判性地评估、总结和描述其基本立场。

自由主义的视角

　　与其相应的文化特点一致，法国的本杰明·贡斯当、德国的威廉·冯·洪堡、美国的加布里埃尔·阿尔蒙德和西德尼·维巴，这些思想家往往强调代表制度的自由目标、有限主权的重要性，以及个人不受群体或国家干涉的决定自己生活的权利和自由。虽然他们都不否认自由民主制度中公众参与的重要性，但他们不同的政治文化研究方法揭示了语境化、描述和评价公众参与的不同路径。

贡斯当认为，政治参与是一种需要非约束性义务的权利。伴随着普选、代表制和公职的开放，每个公民的参与权据称都得到了保护。但是，贡斯当反对卢梭的观点，他认为，尽管一个人可能想要说服他人相信公民责任和参与的价值，但他也不应该"强制一个公民自由"。强迫别人选择一条单一路径，即使这条道路像公众参与一样崇高，那也是剥夺了他选择自己生活的自由。

那些和卢梭一样试图复制古人参与美德的人，受到了贡斯当和威廉·冯·洪堡的强烈反对。贡斯当基于他的社会学和历史的主张（这在很大程度上是出于他对拿破仑和革命恐怖的经历），认为古代人的社会团结和集体自治可能是值得称赞的，但将其运用到现代世界，他们的参与要求可能只会提供暴政的借口。

洪堡强调，要求复制古代政治生活，对个性的进步和精神力量发展会产生有害的作用。他认为只有当政府放弃指导国民生活的诸种事务，自由的自我发展和表达才有可能出现。通过强迫把"自我"湮没于整体中，会强化社会的一致性，结果将会减少建立一个基于文化多样性的生机勃勃的社会联合的机会。为了建立社会的联合，洪堡声称需要对国家施加限制，而不是对自我施加限制。

　　和贡斯当一样，洪堡将政治参与视为公民的义务，它在现代个人的生活中不再是中心、首要的焦点，或者价值的终极来源。这既与个人的审美教育无关，也没有完全与自我认同捆绑在一起。然而，无论是贡斯当还是洪堡，都不认为在自由民主政权的稳定运作中，低程度的公众参与能在实际上发挥健康作用。正如我们所看到的，这种观点留给了弗朗西斯·基佐。在其选举改革政策中，基佐企图以稳定的名义制定禁止民众参与的法律。这种观点以"十分"不同的形式体现在阿尔蒙德和维巴的政治文化研究中。

　　尽管《公民文化》的作者明确认同普选制，但卡萝尔·佩特曼认为，"政治参与仍然被看作是必要的防护手段，部分公民必须至少偶尔要付出代价，当然最好尽可能地少，政治参与并不是公民个人生活不可缺少的组成部分"。①事实上，公民文化是在一种平衡和可控的取向之下形成的，它需要调和公民积极的、参与的取向，以及臣民的和地域式的取向。正是由于臣民和村民地域式取向所导致的参与的缺乏和对权威的顺从，既让政治精英们在必需的约束和平衡下进行统治，也让作为一个整体的政治系统稳定下来。

　　像佩特曼那样的批评家认为，阿尔蒙德和维巴的著作坚持关于这一主题的自由主义理论普遍信条。"自由主义理论的要旨在于赋予公民一个明确定义和最小功能的角色。他们的重点始终是代表制政府——或者在更广泛意义上，阿尔蒙德和维巴口中的政治精英——的作用。"②"民主的经验主义"

理论直接继承自古典的自由主义理论，强调宪政的"代表制政府。"与此相反，佩特曼致力于探寻第二个"被忽视的经典理论，那就是能够从诸如约翰·斯图亚特·密尔和杰出的思想家让-雅克·卢梭的著作中发现的参与式民主"。③

共和－民主的视角

卢梭经常用斯巴达和罗马的共和传统来定义参与式民主的经典理论。他并没有强调代表制度下的政府边界，而是强调理解"谁掌握国家权力，这种权力应该被用来增进谁的利益"。卢梭的回答是，作为整体的全体公民应该共同分享主权，这种权力应该用于整个共同体的利益。

在卢梭看来，公众参与精神的缺失是现代之堕落所特有的病症。他是最先称现代为"异化时代"的人之一。在这个时代里，自我不仅越发远离它自身，而且也远离了能够反映自身的共同体精神。对卢梭来说，政治参与的缺失不仅标志着人类自由和美德的丧失，而且，正如杰曼·斯戴尔指出的，它还相当于作为灵魂提升之动力来源的"自我"的丧失。

在本书中，笔者已经叙述了在法国和德国传统中对参与问题的辩论，然而笔者还没有充分描述发生在美国传统中的这场辩论。毫不意外，谢尔登·沃林举起了共和主义的大旗。在他最近的作品《过去的呈现》（*The Presence of the*

Past）中，沃林基于美国政治中民主参与的流失，批评了国家和大企业权力的合法性。国家和大企业权力的合法性是在早期美国思想中伴随着"科学"的政治学方法而出现的，特别是联邦党人的思想。沃林在区分了科学模式和历史模式之后，他宣称，"科学模式倾向简约，它们的守护神是奥卡姆的威廉（William of Ockham），它们的偶像则是剃刀"。[④]当它被像汉密尔顿这样的"科学主义"政治家应用到政治领域时，这一剃刀简化模型（razor-reducing mode）被用来赋予联邦权力的大幅度集中化和扩张以合法性。

与此相反，为了重振反联邦党人已经失落的声音，沃林求助于孟德斯鸠，强调对历史复杂性和政治文化多样性的重视。他认为，这种复杂性和多样性拒绝把人类作为抽象生物——生活在一个由集中的"超级国家（megastate）"权力所规制和形塑的空洞空间之中——来考察的科学倾向。相反，对沃林来说，这需要一种分散的视角（至少在美国）来研究植根于地方政治文化的公民，不仅要评价他们之间的分歧，并且要重振集体合作的原则，保护自治的重要性，以及重新激发直接政治参与的精神。

在过去，沃林抨击社会科学的做法，指责其在将科学方法运用于公共领域时巧妙地混杂着的政治含义。尽管现在他强调这种做法是权力的安排，但他从没放弃他的说法，那就是，正是社会科学方法的使用充当了将"当前政治现实"中的"低度政治参与"正当化的同谋。

然而，吊诡的是，为检验沃林观点的有效性，社会科学的方法（和语言）经常被马克思主义者和社会民主主义思想家用来发挥强大作用。例如，自称小"r"（small-"r"）的共和主义者卡萝尔·佩特曼调查了政治不作为、效能感和个人的社会经济地位（SES）之间的关系。尽管她证实了阿尔蒙德和维巴的发现，即一个人的政治效能感得分较低与其政治参与率较低有关，但是她对这一相关性作出了自己的解释。通过进一步挖掘发现，"效能感和参与率较低的人往往集中在那些社会经济地位较低的人群中（与政治冷漠的状况一样）"，或者边缘化群体中。⑤仿照沃林的思路，佩特曼认为，阿尔蒙德和维巴（浸透了自由主义理论）的反民主立场并不是其使用的方法或语言导致的，而是由于他们从其收集到的数据中作出了错误的推论。

佩特曼的分析提供了一个很好的反例来驳斥沃林在关于社会科学的技术和对现状（status quo）的辩护问题上所信守的旧说。然而，佩特曼和沃林都将"共和"与"自由"之间的较量视作正与邪的力量之争。相比之下，托克维尔则对上述论争提供了一个综合的视角。

综合的视角

对托克维尔来说，在一个平等的时代，地方参与和社区自由的衰落，其原因并不是对有限主权、代表制和追求自身目的之个人权利的自由主义要求，而是行政集权和原子化。
谴责集权及其不平等是一回事，将它与个人自由的扩张联系
起来则完全是另一回事。托克维尔相信，自由习俗所孕育
的，并且被个人权利保障的独立意识与社区自由的实践所培
育的自由习俗这两者是相互强化的。这种社区自由体现在地
方参与中，而这是对行政集权和原子化倾向的最好抵御。

　　从托克维尔的角度来看，自由主义和共和理论之间的冲
突并非沃林所描绘的"好的共和社群主义"与"坏的自由
个人主义"，或者"民主参与的好的理论家"与"信奉自由
主义的坏的方法论者"之间的"史诗"般的战争。与此相
反，托克维尔捕捉到悲剧的古典意义，他将自由主义与共和
理论之争视作两个善的竞争性概念之间的冲突。在试图将这
些概念一起编织进自己的理论之后，他才懂得它们之间的联
合是多么的脆弱。事实上，联邦党人和反联邦党人的辩论证
实了美国政治制度本身似乎正是从这种冲突中诞生的。

　　在《过去的呈现》（*The Presence of the Past*）一书中，
沃林考察了美国的建国过程。他为美国宪法之争中的失败
者辩护就不足为奇了。与宪法的预期（联邦党人的）含义
相反，他为他所说的反联邦党人预期的含义辩护。[6]然而，
在托克维尔看来，了解宪法原来的"预期"，必须了解其
原来的"争论"（contention）。离开了这一争论，一个脆弱
的联合便是伪造的。专注于它的脆弱性，托克维尔担心，
社区自由习性和个人自由权利加起来可能也不足以抵挡现

代专制主义日益增长的力量。

　　尽管托克维尔对民主时代个人自由和政治自由之间的冲突抱持悲观态度，黑格尔则认为现代国家可以提供一个圆满结局。和托克维尔一样，黑格尔也将自由主义和共和主义之间的冲突看作是关于善的不同概念之间的战争。但是，正如他的美学理论和辩证法共同体现的，黑格尔认为所有的悲剧性冲突都必须找到解决办法。在《法哲学原理》中，他试图解决个人权利和政治自由之间的紧张关系。正如我们所看到的，他认为现代国家制度提供了条件，使得个人能作为市民社会成员来保持自由，同时作为公民，他也将认同作为整体的政治制度的普遍意志。

　　然而，对黑格尔的国家中的绝大多数国民来讲，政治参与更像是一种心境而非制度现实。黑格尔所说的"认同国家的普遍意志"与托克维尔的观点不同，托克维尔把参与看作是在一个分权式的联邦体制下，公民对地方事务作出集体决定。同样，黑格尔的观念也不能够让强调个人权利的传统自由主义理论家们满意。事实上，对于许多人来说，黑格尔对"国家的普遍意志"的强调被视为对个人自由的威胁。作为市民社会领域的一部分，个人权利无法与国家普遍意志的居于优势的欲望相匹敌。[⑦]

　　正如我们已经看到的，马克思也从不同的角度对黑格尔的国家学说提出了异议。马克思并不认为国家的普遍意志包含市民社会中的个体特殊利益，而是认为普遍性将充当意识形态的面纱，以遮盖国家中诸多形式的特殊性的统治——控制着君主、等级和官僚的特殊利益。马克思告诉我们，"黑格尔的根本错误"，"在于从理念上，将表面上的矛盾视为在本质上是统一的，但本质上的矛盾才是更重要的"。[⑧]

关于黑格尔国家学说的"本质上的矛盾"，马克思指出了市民社会和政治制度之间的紧张关系。马克思宣称，黑格尔并没有调解或解决这种紧张关系，而是仅仅将其制度化。即使在表面上，这种双重立场的内部分化也很明显——个人被要求分别忠诚于市民社会和国家。用马克思的话来说，"政治国家及其前提之间的关系，无论是在诸如个人所有权这样的物质因素中，或者是诸如道德文化或宗教这些精神因素中，普遍利益和私人利益之间的冲突、政治国家与市民社会之间的内在分歧——这些世俗的矛盾，是没有解决的"。[⑨]

在马克思的早期著作中，他倾向于强调把异化思想与现代国家中"悬而未决的世俗矛盾"等同起来。按照马克思的观点，黑格尔仅仅阐明了一种政治异化的文化，那就是身处其中的人们被剥夺了控制自身集体命运之权力（power）的政治文化。在他的后期作品中，马克思倾向于把他的政治异化概念转变为处于经济劣势的受压迫阶级的政治边缘化。在这方面，他强调文化具有附带性特征，是一个社会中经济和阶级结构附带的产物。

马克思对政治经济因素影响的强调，极大地纠正了政治文化研究中忽视经济分析重要性的倾向。尽管如此，他的观点并非无可指摘。一些像佩特曼那样的"共和党人"，他们关注自由民主政体中的工作场所民主和政治参与者的社会经济地位。与此同时，其他像沃林那样的学者已倾向于（至少在过去⑩）追随阿伦特的观点，强调"政治的"而非"社会和经济的"措施。尽管阿伦特赞同马克思早期对生产部门的强调，但她仍旧批判马克思对经济的强调。根据阿伦特的观点，马克思将所有的重要人类活动最终简化成生产劳动和维持生命的基本功能。她认为，由于我们专注于经济、生产和在我们的生活中居于优先地位的必需品，我们政治文化的质量因此下降。阿伦特并没有将全部生产性的能量纯化为劳动过程，而是敦促人们履行作为政治动物的人类的更高级的天职，做一个在公共空间与他人携手行动的积极公民。

自由主义者对马克思的批评与其针对古典共和主义的批评相似，他们往往宣称马克思的理论断送了这样一种共同体——一个受到保护的领域，那里的个人自由地决定自己的目标而不受群体或国家的干涉。自由主义者并没有助长政治异化的文化，他们声称，个人自由保护公民免于国家的统治。在提出这个观点的时候，他们再次将注意力聚焦在代表制的目的、有限主权的重要性，以及个人决定自己生活的权利和自由上。

正如我们已经看到的，对诸如加布里埃尔·阿尔蒙德这样的自由主义者来说，马克思主义者的研究恰恰位于学科"意识形态中立"和"方法论混合"核心的边缘位置。"为了保护他们自己隐秘的弱点"，在分离的桌子上，马克思主义者坐得离学科中心更远。但正如上文我对政治参与的相关立场的描述所揭示的，并非离群独坐，而是进行批判性的交流，才能使每一种政治文化的研究方法能够被其对手最好地加以评判。

当然，我在本书中对思想家进行的研究，并没有穷尽学者们对这一问题的全部研究方法。[11]但重要的一点是，尽管这些研究可能运用了不同的方法论工具，表达了不同的政治关注，甚至指向不同的生活方式或世界观，但它们并不相互排斥。相反，每种方法都包含自己的长处和短处，它们各自适合不同的任务，并各自提供了文化分析的一个有力工具。在我看来，考虑到美国政治科学界中正在发生的"政治文化的复兴"，上述观点的确十分重要。[12]

注释

① Carole Pateman, "*The Civic Culture: A Philosophic Critique*," in *The Civic Culture Revisited*, ed. Gabriel Almand (Boston: Little, Brown & Company, 1979), 61. Also see her earlier essay, "Political Culture, Political Structure and Political Change," *British Journal of Political Science*, 1 (1973): 291–305.

② Pateman, "A Philosophic Critique," 60.

③ Pateman, "A Philosophic Critique," 59.

④ Sheldon Wolin, *The Presence of the Past* (Baltimore, Md.: The Johns Hopkins University Press, 1989), 64.

⑤ Pateman，"A Philosophic Critique，" 57.

⑥ Wolin，*Presence of the Past*，82 – 100.

⑦ See，for example，Isaiah Berlin，"Two Concepts of Liberty，" in his *Four Essays on Liberty* (New York：Oxford University Press，1969)，esp. 137. 关于更广泛的讨论，请阅读 Brint *Tragedy and Denial*：*The Politics of Difference in Western Political Thought* (Boulder, Colo. : Westview Press，1991).

⑧ Karl Marx，*Kritik des Hegelschen Staatsrechts* in *Historisch-kritische Gesamtausgable* [*MEGA*]，ed. D. Rjazanov (Berlin：Marx-Engels Verlag，1932)，I. 1. i. 510.

⑨ Marx，*Die Judenfrage*，in *MEGA*，I. 1. i. 585.

⑩ 对于沃林对阿伦特（即便不矛盾，也有些）微妙的看法。请阅读 "Hannah Arendt and the Ordinance of Time，" *Journal of Social Research* 44 (Spring 1977)：91 – 105。

⑪ 关于政治文化研究新路径的范例，请阅读 Michael Thompson，Richard Ellis, and Aaron Wildavsky，*Cultural Theory* (Boulder, Colo. : Westview Press，1990)。受玛丽·道格拉斯（Mary Douglas）的启发，这卷书的作者们挑战了政治文化观念本身。他们并没有尝试把文化描述为单一现象，而是试图阐明一种包含五种不同"生活方式"（ways of life）的文化的生态学。

⑫ See Ronald Inglehart，"The Renaissance of Political Culture，" *American Political Science Review* 82 (December 1988)：1203 – 1230.

第六章　政治文化的再生

　　作为文化现象的"复兴"概念自诞生之初，就不是简单地指过去之再生，相反，这一运动一开始就意味着过去的复活、重释和再创造。它并非历史的简单传输，而是由我们所感受到的当前需求所激发的历史之转型。就像我所理解的，目前的理论要求表明，政治文化的复兴不应是简单地回归到阿尔蒙德的"科学的"方法的源头，而是应该吸纳其他更具"大陆性的"特征，即更多社会学和解释性特征的方法。那么，政治文化再生之转型就可以表达为一种包容性，而非排斥性的政治文化之复兴。

　　有人可能会反对我的这种观点，原因在于，至少政治文化的社会学和解释性学派拒绝承认行为主义科学的主要方法论主张，所以这种包容看起来是不可能的。如果以这种方式来补充美国行为主义科学，那无疑就是颠覆它。但是，正如我已经试图论证的，这些相互竞争的方法间的两极分化，更多的是基于哲学推定而非现实矛盾。美国"行为主义"政治科学的再生并不意味着政治文化研究的历史学、社会学、经济学或者解释性的方法必须消亡，反过来说，政治文化研究的历史学、社会学、经济学或者解释性的方法也不是只有在行为主义政治科学消逝之后才能存活。它们并不总是互相兼容，但也并非彼此排斥。事实上，一种方法是否凋萎，研究机构的资助比其本身的哲学价值更为重要。我不赞同阿尔蒙德的建议，"我们要排除这些边缘（的领域）并重新聚焦于我们学科的中心"。我也不赞同将那些经常对立的方法加以综合的取向。相反，我只是主张，秉持着批判性对话的精神，这些学派至少应该同桌对话。

参考文献

本参考文献收录了一组精选的基本来源资料、正文中所引用的作品，以及它们标准的英语翻译。

Aarsleff, Hans. "Introduction." In *Wilhelm von Humboldt's on Language*, vii – lxvi. Cambridge：Cambridge University Press, 1988.

Adams, William. "Politics and the Archeology of Meaning." *Western Political Quarterly* 39（September 1986）：536 – 553.

Alighieri, Dante. *La divina commedia*. Edited by Umberto Bosco and Giovanni Reggio. 3 vols. Firenze：Le Monnier, 1979.

Almond, Gabriel. "The Intellectual History of the Civic Culture Concept." In *The Civic Culture Revisited*, edited by Gabriel Almond, 1 – 18. Boston：Little, Brown & Company, 1979.

——. "Political Theory and Political Science." *American Political Science Review* 60（December, 1966）：878 – 897.

——. "Separate Tables." *PS: Political Science and Politics* 21 (Fall, 1988): 828 – 841.

Almond, Gabriel, and Sydney Verba. *The Civic Culture.* Princeton, N. J. : Princeton University Press, 1963.

Apel, Karl-Otto. *Diskurs und Verantwortung: Das Problem des Ubergangs zur Postkonventionellen Moral.* Frankfurt: Suhrkamp Verlag, 1985.

Aristotle. *Metaphysics.* Edited by W. D. Ross. Oxford: Clarendon Press, 1924.

Barber, Benjamin. "The Nature of Contemporary Political Science." *PS: Political Science and Politics* 23 (March 1990): 40.

Barry, Brian. *Sociologists, Economists and Democracy.* London: MacMillan, 1970.

Berlin, Isaiah. *Four Essays on Liberty.* New York: Oxford University Press, 1969.

——. *Vico and Herder: Two Studies in the History of Ideas.* London: Chatto and Windus, 1976.

Berman, Marshall. *All That Is Solid Melts into Air.* New York: Simon and Schuster, 1982.

Black, Max (editor). *The Social Theories of Talcott Parsons.* Englewood Cliffs, N. J. : Prentice-Hall, 1961.

Brint, Michael. *Tragedy and Denial: The Politics of*

Difference in Western Political Thought. Boulder, Colo.: Westview Press, 1991.

Brint, Steven. " Notes on Veritarian Bookfighting," *TriQuarterly* 72 (Spring/Summer 1988): 91 – 102.

Clark, Robert T. , Jr. *Herder: His Life and Thought.* Berkeley and Los Angeles: University of California Press, 1955.

Constant, Benjamin. *Benjamin Constant: Political Writings.* Translated by Biancamaria Fontana. Cambridge: Cambridge University Press, 1988.

——. *De la liberté chez les Modernes.* Edited by Marcel Gauchet. Paris: Pluriel, 1980.

Easton, David. "The New Revolution in Political Science. " *American Political Science Review* 63 (December 1969): 1051 – 1061.

Foucault, Michel. *Language, Counter-Memory, Practice.* Translated by Donald Bouchard and Sherry Simon. Ithaca, N. Y. : Cornell University Press, 1977.

Geertz, Clifford. *The Interpretation of Cultures.* New York: Basic Books, 1973.

——. *Local Knowledge: Further Essays in Interpretive Anthropology.* New York: Basic Books, 1983.

——. *Works and Lives: The Anthropologist as Author.* Stanford, Calif. : Stanford University Press, 1988.

Goethe, Johann Wolfgang von. *Faust*. Translated by Cyrus Hamlin. New York: W. W. Norton, 1976.

Guizot, François. *Democratie en France*. New York: Howard Fertig, 1974.

——. *Historical Essays and Lectures*. Translated by S. Mellon. Chicago: Chicago University Press, 1972.

——. *Mémoires pour servir a l'histoire de mon temps*, 8 vols. Paris: Michel Levy Freres, 1858.

Gunnell, John. "The Nature of Contemporary Political Science." *PS: Political Science and Politics* 23 (March 1990): 36 – 37.

Habermas, Jurgen. *The Structural Transformation of the Public Sphere: An Inquiry into a Cathegory of Bourgeois Society*. Translated by Thomas Berger and Frederick Lawrence. Cambridge, Mass.: MIT Press, 1989.

——. *Wirklichkeit und Reflexion*. Edited by Helmut Fahrenbach. Pfullingen: G. Neske, 1973.

Hegel, Grorg Wilhelm Friedrich. *Phenomenology of Spirit*. Translated by A. V. Miller. Oxford: Oxford University Press, 1977.

——. *Philosophy of Right*. Translated by T. M. Knox. Oxford: Oxford University Press, 1952.

——. *Sämtliche Werke*. Edited by Grorg Lasson and

Johannes Hoffmeister. 30 vols. Leipzig: Felix Meiner, 1920 – 1960.

Herder, Johann Gottfried. *Herder on Social and Political Culture*. Translated by F. M. Barnard. Cambridge: Cambridge University Press, 1969.

——. *Sämmtliche Werke*. Edited by Bernard Suphan, Carl Redlich, Reinhold Steig. 33 vols. Berlin: Weidmannsche Buchhandlung, 1877 – 1913.

Holmes, Stephen. "Aristippus in and out of Athens." *American Political Science Review* 73 (March 1979): 113 – 129.

Humboldt, Wilhelm von. *The Limits of State Action*. Translated by J. W. Burrow. Cambridge: Cambridge University Press, 1969.

——. *Wilhelm von Humboldts Gesammelte Schriften*. Edited by Albert Leitzmann. 12 vols. Berlin: Behr, 1903 – 1907.

Inglehart, Ronald. "The Renaissance of Political Culture." *American Political Science Review* 82 (December 1988): 1203 – 1230.

Kain, Philip. *Schiller, Hegel, and Marx*. Montreal: McGill-Queen's University Press, 1982.

Kant, Immanuel. *Anthropology from a Pragmatic Point of View*. Translated by Victory Lyle Dowdell. Carbondale: Southern Illinois University Press, 1978.

——. *Immanuel Kants Werke*. Edited by Ernst Cassirer. 11

vols. Hildesheim: Gerstenberg, 1973.

———. *Kant's Political Writings.* Translated by H. B. Nisbet. Cambridge: Cambridge University Press, 1970.

MacIntyre, Alasdair. *Against the Self-Images of the Age.* Notre Dame, Ind. : University of Notre Dame Press, 1978.

———. *Whose Justice? Which Rationality?* Notre Dame, Ind. : University of Notre Dame Press, 1988.

Marx, Karl. *Early Writings.* Translated by Tom Bottomore. London: C. Watts, 1963.

———. *Historisch-kritische Gesamtausgabe.* Edited by David Rjazanov. 13 vols. Berlin: Marx-Engels Verlag, 1932.

———. *Selected writings.* Translated by David McLellan. Oxford: Oxford University Press, 1977.

Montesquieu, Charles Louis de Secondat, Baron de. *The Spirit of the Laws.* Translated by Anne Cohler, Basia Miller, and Harold Stone. Cambridge: Cambridge University Press, 1989.

———. *Oeuvres complètes.* Edited by Roger Caillois. 3 vols. Paris: Gallimard, 1951.

Nietzsche, Friedrich. *Nietzsche Werke.* Edited by Giorgio Colli and Mazzino Montinari. 8 vols. Berlin: Walter de Gruyter Verlag, 1972.

Pange, Comtesse Jean de (editor) . *Madame de Staël et l'Europe: Colloque de Coppet.* Paris: Klincksieck, 1970.

Parsons, Talcott and Edward Shils. *Toward a General Theory of Action.* Cambridge, Mass. : Harvard University Press, 1951.

Pateman, Carole. " *The Civic Culture*: A Philosophic Critique. " In *The Civic Culture Revisited*, edited by Gabriel Almond, 57 – 102. Boston: Little, Brown & Company, 1979.

Poulet, George. "La pensée critique de Madame de Staël," in *Madame de Staël et l'Europe*: *Colloque de Coppet*, edited by Jean de Pange, 27 – 52. Paris: Klincksieck, 1970.

———. " Political Culture, Political Structure and Political Change. " *British Journal of Political Science* 1 (1973): 291 – 305.

Putnum, Hilary. "A Reconsideration of Deweyan Democracy. " *Southern California Law Review* 63 (September 1990): 1671 – 1697. Reprinted in *Pragmatism in Law and Politics*, edited by Michael Brint and William Weaver. Boulder, Colo. : Westview Press, 1991.

Pye, Lucien. "Culture and Political Science: Problems in the Evaluation of Concept of Political Culture. " *Social Science Quarterly* 53 (September 1972): 285 – 296.

———. " Political Culture. " In *International Encyclopedia of the Social Sciences*, vol. 11, 218 – 225. New York: Free Press, 1968.

Quine, W. V. O. *From a Logical Point of View*, 2d ed. Cambridge, Mass. : Harvard University Press, 1980.

Rorty, Richard. *Consequences of Pragmatism*. Minneapolis: University of Minnesota Press, 1982.

———. *Contingency, Irony and Solidarity*. Cambridge: Cambridge University Press, 1989.

Rousseau, Jean-Jacques. *The First and Second Discourses*. Translated by Judith Masters and Roger Masters. New York: St. Martin's Press, 1968.

———. *Oeuvres complètes*. Edited by Michel Launay. 4 vols. Paris: Editions du Seuil, 1971.

———. *The Social Contract*. Translated by Maurice Cranston. London: Penguin, 1968.

Said Edward. *Orientalism*. New York: Vintage, 1979.

Schiller, Friedrich. *Über die Ästhetische Erziehung des Menchen*. In *Schillers Werke*, edited by J. Peterson and G. Fricke, vol. 20. Weimar: Böhlaus, 1943.

Seidentop, L. A. "Two Liberal Traditions." In *The Idea of Freedom*, edited by Alan Ryan, 155 – 179. Oxford: Oxford University Press, 1979.

Shakespeare, William. *King Lear*. New York: Penguin, 1987.

Shepsle, Kenneth. "The Nature of Contemporary Political

Science." *PS: Political Science and Politics* 23 (March 1990):
40 – 41.

Solomon, Robert. In *the Spirit of Hegel.* New York: Oxford
University Press, 1983.

Staël, Germaine de. *De l'allemagne.* Edited by Jean de
Pange. 5 vols. Paris: Hachette, 1959.

——. *An Extraordinary Woman: Selected Writings of
Germaine de Staël.* Translated by Vivian Folkenflik. New York:
Columbia University Press, 1987.

——. *Masame de Staël on Politics, Literature, and
National Character.* Translated by Morroe Berger. London:
Sidgwick and Jackson, 1964.

——. *Oeuvres complètes.* 3 vols. Paris: Lefevre, 1858.

Stout, Jeffrey. "Homeward Bound: MacIntyre on Liberal
Social and the History of Ethics," *The Journal of Religion* 69
(April 1989): 220 – 232.

Taylor, Charles. *Hegel.* Cambridge: Cambridge University
Press, 1979.

——. "Interpretation and the Sciences of Man." In his
Philosophy and the Human Sciences: Philosophical Papers,
vol. 2, 1 – 43. Cambridge: Cambridge University Press, 1985.

——. *Sources of the Self.* Cambridge, Mass. : Harvard
University Press, 1989.

Thompson, Michael, Richard Ellis, and Aaron Wildavsky. *Cultural Theory.* Boulder, Colo. : Westview Press, 1990.

Tocqueville, Alexis de. *Democracy in America.* Edited by J. P. Mayer. Translated by George Lawrence. New York: Doubleday, 1969.

——. *Oeuvres complètes.* Edited by J. P. Mayer. 12 vols. Paris: Librairie de Medicis, 1951 – 1964.

Truman, David B. " Disillusion and Regeneration: The Quest for a Discipline. " *American Political Science Review* 59 (December 1965): 865 – 873.

Weber, Max. *Economy and Society.* Edited by Guenther Roth and Claus Wittich. Translated by Roth and Wittich et. al. 2 vols. Berkeley and Los Angeles: University of California Press, 1978.

——. *From Max Weber.* Translated by H. H. Gerth and C. Wright Mills. Oxford: Oxford University Press, 1956.

——. *Gesammelte Politische Schriften.* Edited by Johannes Winckelmann. Tübingen: J. C. B. Mohr, 1971.

——. *Max Weber: Soziologie, Weltgeschichtliche Analysen, Politik.* Edited by Johannes Winkelmann. Stuttgart: Alfred Kröner, 1964.

——. *Wirtschaft und Gesellschaft: Grundriss der Verstehenden Soziologie.* Edited by Johannes Winckelmann. 2 vols. Tübingen:

J. C. B. Mohr, 1956.

Wells, G. A. *Herder and after: A Study in the Development of Sociology.* The Hague: Mouton, 1959.

Wolin, Sheldon. "Hannah Arendt and the Ordinance of Time." *Journal of Social Research* 44 (Spring 1977): 91 – 105.

——. *Hobbes and the Epic Tradition of Political Theory.* Los Angeles: University of California Monograph Series, 1970.

——. "Legitimation, Method, and the Politics of Theory." *Political Theory* 9 (August 1981): 401 – 424.

——. "Political Theory as a Vocation." *American Political Science Review* 63 (December 1969): 1062 – 1082.

——. *Politics and Vision.* Boston: Little, Brown & Company, 1960.

——. *The Presence of the Past.* Baltimore, Md. : The Johns Hopkins University Press, 1989.

索　引

图书在版编目（CIP）数据

政治文化的谱系/（美）布林特（Brint，M.）著；卢春龙，
袁倩译. —北京：社会科学文献出版社，2013.8
（政治文化研究译丛）
ISBN 978 - 7 - 5097 - 4704 - 9

Ⅰ.①政… Ⅱ.①布… ②卢… ③袁… Ⅲ.①政治文化 -
研究 Ⅳ.①D0

中国版本图书馆 CIP 数据核字（2013）第 118137 号

·政治文化研究译丛·

政治文化的谱系

著　　者 / 迈克尔·布林特
译　　者 / 卢春龙　袁　倩
校　　者 / 丛日云

出 版 人 / 谢寿光
出 版 者 / 社会科学文献出版社
地　　址 / 北京市西城区北三环中路甲 29 号院 3 号楼华龙大厦
邮政编码 / 100029

责任部门 / 皮书出版中心（010）59367127　　　　责任编辑 / 姚冬梅
电子信箱 / pishubu@ ssap. cn　　　　　　　　　责任校对 / 师敏革
项目统筹 / 邓泳红　姚冬梅　　　　　　　　　　责任印制 / 岳　阳
经　　销 / 社会科学文献出版社市场营销中心（010）59367081　59367089
读者服务 / 读者服务中心（010）59367028

印　　装 / 北京鹏润伟业印刷有限公司
开　　本 / 787mm×1092mm　1/16　　　　　　　印　张 / 14.75
版　　次 / 2013 年 8 月第 1 版　　　　　　　　　字　数 / 144 千字
印　　次 / 2013 年 8 月第 1 次印刷
书　　号 / ISBN 978 - 7 - 5097 - 4704 - 9
著作权合同
登 记 号 / 图字 01 - 2012 - 8345 号
定　　价 / 49.00 元